中2英語でつまずかない15のポイント

岡田 順子
Junko Okada

文芸社

本書の特徴

（１）２年生で習う文法事項の前に、関係の深い１年生の文法事項を復習

　たとえば、中学２年生で習う過去進行形の前に、１年生の現在進行形を復習できるようにしてあります。１年生で習ったことがあまり定着していない皆さんにも、２年生の文法事項がスムーズに頭の中に入っていけるように工夫してあります。

（２）読解問題のチャレンジコーナー

　中学３年生になると、長文読解の力が必要になってきます。その橋渡しとして、習った文法事項を用いてやさしい読解問題を解くコーナーを設けています。少しずつ読解にも慣れていくことができます。

（３）英作文問題のチャレンジコーナー

　習った文法事項を用いて、少しまとまった英作文を書くコーナーを設けてあります。これは、高校入試でも頻出の自由英作文対策です。単語解説などのサポートもあるので、英語は苦手という皆さんでもお使いいただけるよう、工夫してあります。

目 次

ポイント①　1年生の復習（1）be動詞 ……………………………………… 8

ポイント②　2年生で習うbe動詞の過去形 ………………………………… 15

ポイント③　1年生の復習（2）一般動詞 …………………………………… 21

ポイント④　2年生で習う一般動詞（不規則動詞）の過去形 …………… 39

読解問題にチャレンジ（1） ……………………………………………… 45

英作文問題にチャレンジ（1） …………………………………………… 46

ポイント⑤　1年生の復習（3）現在進行形 ………………………………… 47

ポイント⑥　2年生で習う過去進行形 ……………………………………… 53

ポイント⑦　2年生で習う未来の文 ………………………………………… 59

ポイント⑧　2年生で習う助動詞 …………………………………………… 71

読解問題にチャレンジ（2） ……………………………………………… 81

英作文問題にチャレンジ（2） …………………………………………… 82

- ポイント⑨　1年生の復習（4）名詞、形容詞、副詞 ……………………… 83
- ポイント⑩　2年生で習う不定詞、動名詞 ……………………………… 93

読解問題にチャレンジ（3） ………………………………………………… 107

英作文問題にチャレンジ（3） ……………………………………………… 108

- ポイント⑪　2年生で習う形容詞の比較 ………………………………… 109
- ポイント⑫　2年生で習う副詞の比較 …………………………………… 125
- ポイント⑬　2年生で習う接続詞 ………………………………………… 133
- ポイント⑭　2年生で習うさまざまな文 ………………………………… 139
- ポイント⑮　2年生で習う受け身形 ……………………………………… 151

読解問題にチャレンジ（4） ………………………………………………… 157

英作文問題にチャレンジ（4） ……………………………………………… 158

解答ページ …………………………………………………………………… 159

中2英語でつまずかない15のポイント

１年生の復習（１）be 動詞

◉チェックポイント
・be 動詞を使う現在形の肯定文、否定文、疑問文が作れるか？

Q1 be 動詞を使う現在形の肯定文が作れるかな？

〈問題1〉
次の文の日本語に合うように（　　　）の中の語句を並べかえましょう。ただし、文の最初にくる語も小文字で書かれています。

(1) 私は生徒です。
　　(a, am, student, I).

(2) あなたは先生です。
　　(teacher, a, are, you).

(3) 彼は医者です。
　　(is, doctor, he, a).

(4) 彼女は料理人です。
　　(a, she, cook, is).

(5) トムはバスケットボールの選手です。
　　(Tom, basketball, is, player, a).

(6) 私たちはクラスメートです。
　　(are, classmates, we).

(7) あなたたちは野球の選手です。
　　(players, you, baseball, are).

(8) 彼女たちは姉妹です。
　　(are, they, sisters).

(9) トムとボブは友だちです。
　　(friends, and, Tom, are, Bob).

〈重要〉

be 動詞を使う文ではまず、最初に主語（「〜は」に当たるところ）を書き、次に be 動詞を書き、最後に主語の人はだれ・なにであるかを示す補語を書きます。

主語	be 動詞	補語
I	am	a student.
（私は	です	1人の生徒）
You	are	a teacher.
He	is	a doctor.
She	is	a cook.
Tom	is	a baseball player.
We	are	classmates.
You	are	baseball players.
They	are	sisters.
Tom and Bob	are	friends.

be 動詞の現在形には、am, are, is の3つがあり、主語によって使い分けます。

I の時は am, You や複数の主語（we, you, they, Tom and Bob など）の時は are、3人称単数（he, she, it など）の時は is を使います。

おおよそ「です」「である」の意味を表しますが、以下のような例では「いる」「ある」の意味を表します。

I'm in London now.

（私は今ロンドンにいます）

Q2 be動詞を使う現在形の否定文が作れるかな？

〈問題2〉

次の文の日本語に合うように（　　　）の中の語句を並べかえましょう。ただし、文の最初にくる語も小文字で書かれています。

(1) 私は生徒ではありません。
（not, student, a, I'm）.

(2) あなたは先生ではありません。
（teacher, aren't, a, you）.

(3) 彼は医者ではありません。
（a, he, doctor, isn't）.

(4) 彼女は料理人ではありません。
（cook, she, a, isn't）.

(5) トムはバスケットボールの選手ではありません。
（isn't, basketball, Tom, player, a）.

(6) 私たちはクラスメートではありません。
（aren't, we, classmates）.

(7) あなたたちは野球の選手ではありません。
（you, players, aren't, baseball）.

(8) 彼女らは姉妹ではありません。
（sisters, they, aren't）.

(9) トムとボブは友だちではありません。
（and, Bob, friends, aren't, Tom）.

〈重要〉

be 動詞を使う現在形の否定文は be 動詞（am, are, is）の後ろに not をつけます。are not は aren't、is not は isn't と省略します。amn't という形はないので、I'm not と省略します。

主語	be 動詞 + not	補語
I'm	not	a student.
（私は	ではありません	１人の生徒）
You	aren't	a teacher.
He	isn't	a doctor.
She	isn't	a cook.
Tom	isn't	a basketball player.
We	aren't	classmates.
You	aren't	baseball players.
They	aren't	sisters.
Tom and Bob	aren't	friends.

you are not は you're not、he is not は he's not、she is not は she's not、we are not は we're not、they are not は they're not と省略することも多いです。

Q3 be 動詞を使う現在形の疑問文が作れるかな？

〈問題3〉

次の文の日本語に合うように（　　　）の中の語句を並べかえましょう。
また、できた英文に Yes と No で答えましょう。
ただし、文の最初にくる語も小文字で書かれています。

(1) あなたは先生ですか？
　　（a, are, teacher, you）？

(2) 彼は医者ですか？
　　（doctor, he, is, a）？

(3) 彼女は料理人ですか？
　　（is, cook, she, a）？

(4) トムはバスケットボールの選手ですか？
　　（basketball, Tom, is, a, player）？

(5) あなたたちは野球の選手ですか？
　　（are, players, you, baseball）？

(6) 彼女らは姉妹ですか？
　　（they, sisters, are）？

(7) トムとボブは友だちですか？
　　（and, friends, Tom, are, Bob）？

〈重要〉

be 動詞を使う現在形の疑問文は、be 動詞を先頭に持ってくるだけです。

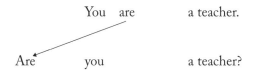

You　are　　　a teacher.

Are　　you　　　a teacher?

be 動詞	主語	補語
Are	you	a teacher?
Is	he	a docter?
Is	she	a cook?
Is	Tom	a basketball player?
Are	you	baseball players?
Are	they	sisters?
Are	Tom and Bob	friends?

答える時は、Yes, Tom is. とは言わないので、Tom を「彼は」に当たる he に直して、Yes, he is. や No, he isn't. となります。

同様に Yes, Tom and Bob are. とは言わないので、Tom and Bob を they に直して、Yes, they are. や No, they aren't. となります。

ポイント② 2年生で習う be 動詞の過去形

◉チェックポイント
・be 動詞を使う過去形の肯定文、否定文、疑問文が作れるか？

Q1 be 動詞を使う過去形の肯定文が作れるかな？

〈問題1〉

次の文の日本語に合うように（　　　）の中の語句を並べかえましょう。ただし、文の最初にくる語も小文字で書かれています。

(1) 私は5年前看護師でした。
　　(five years ago, was, I, nurse, a).
(2) あなたは10年前歌手でした。
　　(singer, ten years ago, were, a, you).
(3) 彼は以前ミュージシャンでした。
　　(musician, he, before, a, was).
(4) 彼女は以前テニスの選手でした。
　　(was, tennis, she, a, before, player).
(5) トムは以前ロック音楽のファンでした。
　　(Tom, rock fan, before, was, a).
(6) 私たちは昨年中学生でした。
　　(were, junior high school students, we, last year).
(7) あなたたちは以前サッカーの選手でした。
　　(before, were, soccer, you, players).
(8) 彼らは5年前タクシーの運転手でした。
　　(taxi drivers, they, five years ago, were).
(9) トムとボブは以前ジャズ音楽のファンでした。
　　(jazz fans, Tom, were, before, Bob, and).

〈重要〉

be 動詞が過去形になっても、まず主語（「～は」に当たるところ）を最初に書き、次に be 動詞の過去形を書き、次に主語の人がだれ・なにかを示す補語を書きます。「いつ」に当たる部分は、最後に書くのが自然です。

主語	be 動詞	補語	いつ
I （私は	was でした	a nurse 看護師	five years ago. 5年前）
You	were	a singer	ten years ago.
He	was	a musician	before.
She	was	a tennis player	before.
Tom	was	a rock fan	before.
We	were	junior high school students	last year.
You	were	soccer players	before.
They	were	taxi drivers	five years ago.
Tom and Bob	were	jazz fans	before.

am, is は過去形では was に、are は were に変わります。つまり、主語が I, he, she, Tom などの時は was、それ以外は were になります。

Q2 be 動詞を使う過去形の否定文が作れるかな？

〈問題2〉
次の文の日本語に合うように（　　　）をうめましょう。

(1) 私は5年前看護師ではありませんでした。
　　（　　　）（　　　）a nurse five years ago.

(2) あなたは10年前歌手ではありませんでした。
　　（　　　）（　　　）a singer ten years ago.

(3) 彼は以前ミュージシャンではありませんでした。
　　（　　　）（　　　）a musician before.

(4) 彼女は以前テニスの選手ではありませんでした。
　　（　　　）（　　　）a tennis player before.

(5) トムは以前ロック音楽のファンではありませんでした。
　　（　　　）（　　　）a rock fan before.

(6) 私たちは昨年中学生ではありませんでした。
　　（　　　）（　　　）junior high school students last year.

(7) あなたたちは以前サッカーの選手ではありませんでした。
　　（　　　）（　　　）soccer players before.

(8) 彼らは5年前タクシーの運転手ではありませんでした。
　　（　　　）（　　　）taxi drivers five years ago.

(9) トムとボブは以前ジャズ音楽のファンではありませんでした。
　　（　　　）（　　　）（　　　）（　　　）jazz fans before.

〈重要〉

be動詞を使う過去形の否定文は、wasかwereの後ろにnotをつけます。was notはwasn't、were notはweren'tと省略します。

主語	be動詞 + not	補語	いつ
I （私は　ではありませんでした	wasn't	a nurse 看護師	five years ago. ５年前）
You	weren't	a singer	ten years ago.
He	wasn't	a musician	before.
She	wasn't	a tennis player	before.
Tom	wasn't	a rock fan	before.
We	weren't	junior high school students	last year.
You	weren't	soccer players	before.
They	weren't	taxi drivers	five years ago.
Tom and Bob	weren't	jazz fans	before.

Q3 be 動詞を使う過去形の疑問文が作れるかな？

〈問題3〉
次の文の日本語に合うように（　　　）をうめましょう。
また、できた疑問文に Yes と No で答えましょう。

(1) あなたは10年前歌手でしたか？
　　（　　　）（　　　） a singer ten years ago?

(2) 彼は以前ミュージシャンでしたか？
　　（　　　）（　　　） a musician before?

(3) 彼女は以前テニスの選手でしたか？
　　（　　　）（　　　） a tennis player before?

(4) トムは以前ロック音楽のファンでしたか？
　　（　　　）（　　　） a rock fan before?

(5) あなたたちは以前サッカーの選手でしたか？
　　（　　　）（　　　） soccer players before?

(6) 彼らは5年前タクシーの運転手でしたか？
　　（　　　）（　　　） taxi drivers five years ago?

(7) トムとボブは以前ジャズ音楽のファンでしたか？
　　（　　　）（　　　）（　　　）（　　　） jazz fans before?

〈重要〉

be 動詞を使う過去形の疑問文ではやはり、be 動詞である was, were を文の先頭に持ってきます。

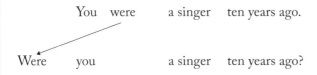

be 動詞	主語	補語	いつ
Were	you	a singer	ten years ago?
Was	he	a musician	before?
Was	she	a tennis player	before?
Was	Tom	a rock fan	before?
Were	you	soccer players	before?
Were	they	taxi drivers	five years ago?
Were	Tom and Bob	jazz fans	before?

答える時は、

Yes I was.　No, I wasn't.

などのようになります。

1年生の復習（2）一般動詞

◉チェックポイント
・3人称単数以外の主語の一般動詞を使う現在形の肯定文、否定文、疑問文が作れるか？
・3人称単数の主語の一般動詞を使う現在形の肯定文、否定文、疑問文が作れるか？
・一般動詞（規則動詞）を使う過去形の肯定文、否定文、疑問文が作れるか？

Q1 3人称単数以外の主語の一般動詞を使う肯定文が作れるかな？

〈問題1〉
次の文の日本語に合うように（　　　）の中の語句を並べかえましょう。ただし、文の最初にくる語も小文字で書かれています。

(1) 私は毎日英語を勉強します。
   (every, English, I, day, study).

(2) あなたは7時に朝食を食べます。
   (eat, at seven, breakfast, you).

(3) 私たちは毎日歌を歌います。
   (day, songs, we, every, sing).

(4) あなたたちは放課後サッカーをします。
   (soccer, you, after school, play).

(5) 彼らは毎週ギターを弾きます。
   (the, week, play, they, guitar, every).

(6) ユミとあやは毎朝ミルクを飲みます。
   (milk, Yumi, every, Aya, drink, and, morning).

〈重要〉

一般動詞とは、be動詞（am, are, is, was, were）以外のすべての動詞を指します。たとえば、歩く（walk）、読む（read）、書く（write）、食べる（eat）、買う（buy）などが挙げられます。

一般動詞を使う現在形の肯定文では、主語（「〜は」に当たるもの）を最初に書き、次に一般動詞を書きます。次に目的語（「〜を」に当たるもの）を書きます。「毎日」「毎週」などの「いつ」を表す語句は最後に書くのが自然です。

主語	一般動詞	目的語	いつ
I	study	English	every day.
（私は	勉強します	英語を	毎日）
You	eat	breakfast	at seven.
We	sing	songs	every day.
You	play	soccer	after school.
They	play	the guitar	every week.
Yumi and Aya	drink	milk	every morning.

目的語がない場合もあります。

例）I get up at six thirty.（私は6時半に起きます）

　　I run very fast.（私はとても速く走ります）

Q2 ３人称単数以外の主語の一般動詞を使う現在形の否定文が作れるかな？

〈問題2〉

次の文の日本語に合うように（　　）をうめましょう。

(1) 私は英語を勉強しません。
　　（　　　）（　　　）（　　　） English.

(2) あなたは７時に朝食を食べません。
　　（　　　）（　　　）（　　　） breakfast at seven.

(3) 私たちは歌を歌いません。
　　（　　　）（　　　）（　　　） songs.

(4) あなたたちはサッカーをしません。
　　（　　　）（　　　）（　　　） soccer.

(5) 彼らはギターを弾きません。
　　（　　　）（　　　）（　　　） the guitar.

(6) ユミとあやはミルクを飲みません。
　　（　　　）（　　　）（　　　）（　　　）（　　　） milk.

〈重要〉

3人称単数以外の主語の一般動詞を使う現在形の否定文は、主語と一般動詞の間に don't が入ります。

主語	don't	一般動詞	目的語	いつ
I	don't	study	English.	
You	don't	eat	breakfast	at seven.
We	don't	sing	songs.	
You	don't	play	soccer.	
They	don't	play	the guitar.	
Yumi and Aya	don't	drink	milk.	

Q3 ３人称単数以外の主語の一般動詞を使う
現在形の疑問文が作れるかな？

〈問題3〉
次の文の日本語に合うように（　　）をうめましょう。
また、できた疑問文に Yes と No で答えましょう。

(1) あなたは7時に朝食を食べますか？
　　（　　　）（　　　）（　　　）breakfast at seven?

(2) あなたたちは放課後サッカーをしますか？
　　（　　　）（　　　）（　　　）soccer after school?

(3) 彼らは毎週ギターを弾きますか？
　　（　　　）（　　　）（　　　）the guitar every week?

(4) ユミとあやは毎朝ミルクを飲みますか？
　　（　　　）（　　　）（　　　）（　　　）（　　　）milk every morning?

〈重要〉

3人称単数以外の主語の一般動詞を使う現在形の疑問文は、文の先頭にDoをつけるだけです。

Do	主語	一般動詞	目的語	いつ
Do	you	eat	breakfast	at seven?
Do	you	play	soccer	after school?
Do	they	play	the guitar	every week?
Do	Yumi and Aya	drink	milk	every morning?

答える時はdoを用いて、
Yes, I do.　No, I don't.
Yes, we do.　No, we don't.
などのようになります。

Q4 ３人称単数の主語の一般動詞を使う現在形の肯定文が作れるかな？

〈問題４－１〉

３人称単数の主語になる語句を選んでみましょう。

(1) he　　　　(2) she　　　　(3) they　　　　(4) we

(5) Tom　　　(6) Miku and Bob　　　(7) Mr.Yamada

(8) it　　　　(9) your sister　　　　(10) this

〈問題４－２〉

次の文の日本語に合うように（　　　）の中の語句を並べかえましょう。
下線部の動詞は必要があれば形を変えましょう。
ただし、文の最初にくる語も小文字で書かれています。

(1) 彼は毎日野球をします。
　　(baseball, every, play, he, day).

(2) 彼女は毎日数学を勉強します。
　　(day, math, she, every, study).

(3) ユミはクラスで英語を話します。
　　(English, class, Yumi, in, speak).

(4) その犬はとても速く走ります。
　　(fast, the dog, run, very).

〈重要〉

「私は（私たちは）」を１人称と言います。「あなたは（あなたたちは）」を２人称と言います。それ以外はすべて３人称です。３人称単数とは、３人称であり、かつ１人（単数）の場合を指します。your sister は、your は２人称ですが、sister のほうで人称が決まるので３人称単数です。また、３人称単数は人だけでなく、ものの場合も含むので、this（これは）、it（それは）なども３人称単数です。したがって、he, she, Tom, Mr.Yamada, your sister, it, this は３人称単数です。

３人称単数の主語の時は、一般動詞に s（または es）がつきます。

主語	一般動詞	目的語	
He	plays	baseball	every day.
（彼は	します	野球を	毎日）
She	studies	math	every day.
Yumi	speaks	English	in class.
The dog	runs		very fast.

＊ study のように y で終わる動詞でその前が「a」「i」「u」「e」「o」でないものは y を i に変えて es をつけます。

＊ wash のように「sh」「s」「ch」「o」で終わる動詞には es をつけます。

Q5 ３人称単数の主語の一般動詞を使う現在形の否定文が作れるかな？

〈問題5〉

次の文の日本語に合うように（　　　）の中の語句を並べかえましょう。
ただし、余分な語句が２つあります。
ただし、文の最初にくる語も小文字で書かれています。

(1) 彼は野球をしません。
　　（don't, doesn't, baseball, play, plays, he）.

(2) 彼女は数学を勉強しません。
　　（math, she, study, studies, doesn't, don't）.

(3) ユミはクラスで英語を話しません。
　　（in class, don't, doesn't, Yumi, English, speak, speaks）.

(4) その犬は速く走りません。
　　（run, runs, don't, doesn't, fast, the dog）.

29

〈重要〉

3人称単数の主語の一般動詞を使う現在形の否定文は、doesn't（does not）を動詞の前におき、動詞は原形（何もつかない形）に戻します。

主語	doesn't	一般動詞の原形	目的語	
He	doesn't	play	baseball.	
She	doesn't	study	math.	
Yumi	doesn't	speak	English	in class.
The dog	doesn't	run		fast.

Q6 ３人称単数の主語の一般動詞を使う現在形の疑問文が作れるかな？

〈問題6〉
次の文の日本語に合うように（　　　）の中の語句を並べかえましょう。
ただし、余分な語句が２つあります。
また、できた疑問文にYesとNoで答えましょう。
ただし、文の最初にくる語も小文字で書かれています。

(1) 彼は毎日野球をしますか？
　　（do, does, play, plays, every, baseball, day, he）？

(2) 彼女は毎日数学を勉強しますか？
　　（she, does, do, day, math, study, studies, every）？

(3) ユミはクラスで英語を話しますか？
　　（speak, speaks, Yumi, does, do, in class, English）？

(4) その犬は速く走りますか？
　　（run, the dog, fast, runs, does, do）？

〈重要〉

3人称単数の主語の一般動詞を使う現在形の疑問文は、文の先頭にdoes をおき、「Does ＋主語＋動詞の原形」の形になります。

Does	主語	一般動詞の原形	目的語	
Does	he	play	baseball	every day?
Does	she	study	math	every day?
Does	Yumi	speak	English	in class?
Does	the dog	run		fast?

答える時は does を用いて、
Yes, he does.　No, he doesn't.
Yes, she does.　No, she doesn't.
Yes, it does.　No, it doesn't.
などのようになります。

Q7 一般動詞を使う過去形の肯定文が作れるかな？

〈問題7〉
次の文の日本語に合うように（　　　）の中の語句を並べかえましょう。
ただし、文の最初にくる語も小文字で書かれています。

(1) 私は昨年京都を訪れました。
（visited, last year, I, Kyoto）.

(2) あなたは1時間前お皿を洗っていました。
（an hour ago, washed, you, the dishes）.

(3) 彼は昨日サッカーをしました。
（soccer, yesterday, played, he, ）.

(4) 彼女は昨日夕食を作りました。
（yesterday, dinner, cooked, she）.

(5) ユミは先週その映画を観ました。
（week, Yumi, last, the movie, watched）.

(6) 私たちは自分たちの部屋を掃除しました。
（cleaned, our, we, rooms）.

(7) あなたたちは昨日犬の散歩をしました。
（walked, your, you, yesterday, dog）.

(8) 彼女らは昨日ケーキを作りました。
（a cake, baked, yesterday, they）.

(9) ユミとあやはテレビでテニスの試合を見ました。
（on TV, and, Yumi, Aya, tennis, watched, games）.

〈重要〉

一般動詞の過去形は、動詞に ed をつけるだけです。

過去形になっても、最初に「〜は」に当たる主語を書き、次に ed をつけた動詞を書きます。そして「〜を」に当たる目的語をすぐ後ろに書きます。

「昨年」「1時間前」などの「いつ」を表す語や、on TV（テレビで）などは、最後に書くのが自然です。

主語	一般動詞	目的語	
I （私は	visited 訪れた	Kyoto 京都を	last year. 昨年）
You	washed	the dishes	an hour ago.
He	played	soccer	yesterday.
She	cooked	dinner	yesterday.
Yumi	watched	the movie	last week.
We	cleaned	our rooms.	
You	walked	your dog	yesterday.
They	baked	a cake	yesterday.
Yumi and Aya	watched	tennis games	on TV.

＊動詞の最後が e で終わるものは d だけをつけます。live-lived

＊動詞が y で終わるもので、y の前の文字が「a」「i」「u」「e」「o」でない場合は、y を i に変えて ed をつけます。study-studied

Q8 一般動詞を使う過去形の否定文が作れるかな？

〈問題8〉
次の文の日本語に合うように（　　　）の中の語句を並べかえましょう。
ただし、余分な語句が2つあります。
ただし、文の最初にくる語も小文字で書かれています。

(1) 私は昨年京都を訪れませんでした。
（Kyoto, I, last year, didn't, don't, visit, visited）.

(2) あなたは1時間前お皿を洗っていませんでした。
（an hour ago, the dishes, didn't, don't, you, wash, washed）.

(3) 彼は昨日野球をしませんでした。
（yesterday, he, baseball, didn't, don't, played, play）.

(4) 彼女は昨日夕食を作りませんでした。
（didn't, don't, she, dinner, yesterday, cooked, cook）.

(5) ユミは先週その映画を観ませんでした。
（watch, watched, Yumi, didn't, don't, last week, the movie）.

(6) 私たちは自分の部屋を掃除しませんでした。
（don't, didn't, our, we, clean, cleaned, rooms）.

(7) あなたたちは昨日犬の散歩をしませんでした。
（walk, walked, you, your, didn't, don't, yesterday, dog）.

(8) 彼女らは昨日ケーキを作りませんでした。
（a cake, yesterday, they, doesn't, didn't, bake, baked）.

(9) ユミとあやはテレビでテニスの試合を見ませんでした。
（Yumi, watch, watched, and, tennis, on TV, didn't, don't, Aya, games）.

〈重要〉

一般動詞を使う過去形の否定文は、動詞の前に didn't を入れて、ed がついていた動詞を原形（何もつかない形）に戻します。

主語	didn't	一般動詞の原形	目的語	
I	didn't	visit	Kyoto	last year.
You	didn't	wash	the dishes	an hour ago.
He	didn't	play	baseball	yesterday.
She	didn't	cook	dinner	yesterday.
Yumi	didn't	watch	the movie	last week.
We	didn't	clean	our rooms.	
You	didn't	walk	your dog	yesterday.
They	didn't	bake	a cake	yesterday.
Yumi and Aya	didn't	watch	tennis games	on TV.

Q9 一般動詞を使う過去形の疑問文が作れるかな？

〈問題9〉
次の文の日本語に合うように（　　　）の中の語句を並べかえましょう。
ただし、余分な語句が2つあります。
また、できた疑問文に Yes と No で答えましょう。
ただし、文の最初にくる語も小文字で書かれています。

(1) あなたは1時間前お皿を洗っていましたか？
　　（do, did, you, the dishes, an hour ago, wash, washed）？

(2) 彼は昨日野球をしましたか？
　　（yesterday, he, played, play, do, did, baseball）？

(3) 彼女は昨日夕食を作りましたか？
　　（cook, cooked, she, dinner, does, did, yesterday）？

(4) ユミは先週その映画を観ましたか？
　　（the movie, Yumi, watched, watch, last week, did, does）

(5) あなたたちは昨日犬の散歩をしましたか？
　　（do, did, your, you, yesterday, walk, walks, dog）？

(6) 彼女らは昨日ケーキを作りましたか？
　　（they, a cake, yesterday, did, do, baked, bake）？

(7) ユミとあやはテレビでテニスの試合を見ましたか？
　　（were, Yumi, watch, watched, on TV, games, did, Aya, tennis, and）？

〈重要〉

一般動詞を使う過去形の疑問文は、Did を文の先頭に持ってきて、動詞を原形（何もつかない形）に戻します。

Did	主語	一般動詞の原形	目的語	
Did	you	wash	the dishes	an hour ago?
Did	he	play	baseball	yesterday?
Did	she	cook	dinner	yesterday?
Did	Yumi	watch	the movie	last week?
Did	you	walk	your dog	yesterday?
Did	they	bake	a cake	yesterday?
Did	Yumi and Aya	watch	tennis games	on TV?

答える時は

Yes, I did.　No, I didn't.

などのようになります。

ポイント④　2年生で習う一般動詞（不規則動詞）の過去形

◉チェックポイント

・一般動詞（不規則動詞）を使う過去形の肯定文、否定文、疑問文が作れるか？

Q1 一般動詞（不規則動詞）を使う過去形の肯定文が作れるかな？

〈問題1〉

次の文の日本語に合うように（　　　）の中の語句を並べかえましょう。
下線部の動詞は適切な形にしましょう。
ただし、文の最初にくる語も小文字で書かれています。

(1) 私は昨日図書館に行きました。
　　(to, I, the library, yesterday, go).

(2) あなたは昨日手紙を書きました。
　　(write, yesterday, you, a letter).

(3) 彼は昨日本を読みました。
　　(yesterday, a book, he, read).

(4) 彼女は昨日ケーキを食べました。
　　(cakes, eat, yesterday, she).

(5) 私たちは昨日トムに会いました。
　　(meet, we, yesterday, Tom).

(6) 彼女らは昨日歌を歌いました。
　　(songs, yesterday, they, sing).

(7) ユミとボブはプレゼントをもらいました。
　　(a present, and, get, Yumi, Bob).

〈重要〉

一般動詞（不規則動詞）の過去形の主なものは以下の通りです。
went（goの過去形）、wrote（writeの過去形）、read（readの過去形）、
ate（eatの過去形）、met（meetの過去形）、sang（singの過去形）、
got（getの過去形）、saw（seeの過去形）、ran（runの過去形）、
gave（giveの過去形）など。

主語	一般動詞	目的語	
I	went		to the library yesterday.
（私は	行った		図書館に　　昨日）
You	wrote	a letter	yesterday.
He	read	a book	yesterday.
She	ate	cakes	yesterday.
We	met	Tom	yesterday.
They	sang	songs	yesterday.
Yumi and Bob	got	a present.	

Q2 一般動詞（不規則動詞）を使う過去形の否定文が作れるかな？

〈問題2〉
次の文の日本語に合うように（　　　）の中の語句を並べかえましょう。
下線部の語は必要があれば形を変えましょう。
ただし、文の最初にくる語も小文字で書かれています。

(1) 私は昨日図書館に行きませんでした。
　　（library, <u>go</u>, yesterday, <u>don't</u>, I, to, the）.

(2) あなたは昨日手紙を書きませんでした。
　　（<u>don't</u>, yesterday, you, <u>write</u>, a letter）.

(3) 彼は昨日本を読みませんでした。
　　（yesterday, <u>doesn't</u>, he, a book, <u>read</u>）.

(4) 私たちは昨日トムに会いませんでした。
　　（<u>don't</u>, we, <u>meet</u>, yesterday, Tom）.

(5) 彼女らは昨日歌を歌いませんでした。
　　（songs, they, yesterday, <u>sing</u>, <u>don't</u>）.

(6) ユミとボブはプレゼントをもらいませんでした。
　　（Yumi, <u>don't</u>, and, <u>get</u>, a present, Bob）.

〈重要〉

一般動詞（不規則動詞）を使う過去形の否定文も、一般動詞（規則動詞）と同じように動詞の前に didn't を入れ、動詞は原形（何もつかない形）に戻します。

主語	didn't	一般動詞	目的語	
I	didn't	go		to the library yesterday.
You	didn't	write	a letter	yesterday.
He	didn't	read	a book	yesterday.
We	didn't	meet	Tom	yesterday.
They	didn't	sing	songs	yesterday.
Yumi and Bob	didn't	get	a present.	

Q3 一般動詞（不規則動詞）を使う過去形の疑問文が作れるかな？

〈問題3〉
次の文の日本語に合うように（　　　）の中の語句を並べかえましょう。
下線部の語は必要があれば形を変えましょう。
また、できた疑問文に Yes と No で答えましょう。
ただし、文の最初にくる語も小文字で書かれています。

(1) あなたは昨日手紙を書きましたか？
　　（you, do, a letter, yesterday, write）？

(2) 彼は昨日本を読みましたか？
　　（read, he, yesterday, does, a book）？

(3) 彼女は昨日ケーキを食べましたか？
　　（does, cakes, she, yesterday, eat）？

(4) あなたたちは昨日トムに会いましたか？
　　（you, yesterday, Tom, meet, do）？

(5) 彼女らは昨日歌を歌いましたか？
　　（songs, do, sing, yesterday, they）？

(6) ユミとボブはプレゼントをもらいましたか？
　　（get, Yumi, a present, and, do, Bob）？

〈重要〉

一般動詞（不規則動詞）を使う過去形の疑問文は、一般動詞（規則動詞）と同じように、Did を文の先頭において、動詞は原形（何もつかない形）に戻します。

Did	主語	一般動詞の原形	目的語	
Did	you	write	a letter	yesterday?
Did	he	read	a book	yesterday?
Did	she	eat	cakes	yesterday?
Did	you	meet	Tom	yesterday?
Did	they	sing	songs	yesterday?
Did	Yumi and Bob	get	a present?	

答える時は、

Yes, I did.　No, I didn't.

Yes, we did.　No, we didn't

などのようになります。

読解問題にチャレンジ（１）

次の会話文を読んで、あとの問いに答えましょう。

Yumi：Did you play basketball yesterday, Bob?
Bob：Yes. I played it with Takashi and his friends. I had a good time. Do you like any sports, Yumi?
Yumi：Well, I don't like sports very much. I went to the city library yesterday. I read a lot of books there. It was fun.
Bob：I went to the library two days ago. I did my homework there. I usually study at the library.
Yumi：Oh, really? I don't study at the library. I study at home. I did my homework in my room last night.

[Question]
① What did Bob do yesterday?

② Does Yumi like sports very much?

③ Where did Yumi go yesterday?

④ What did Yumi do there?

⑤ Who studies at the library, Yumi or Bob?

上の会話文を50秒以内に読めるように、何回も音読して練習しましょう。

英作文問題にチャレンジ（１）

好きな人やものを紹介しましょう。以下はミクが自分の好きなものについて日本語で下書きしたものです。ミクになったつもりで英文にしましょう。

(1) 私はJ-POPのファン*1です。

(2) 私はEXILEが大好きです*2。

(3) 彼らはダンスがとても上手*3です。

(4) 彼らはとてもパワフル*4です。

(5) 彼らのCDを聞いてください*5、皆さん。

*1：J-POP fan　J POP 音楽のファン
*2：love　大好きです
*3：very well　とても上手。「彼らはとても上手にダンスをします」と書く
*4：powerful　パワフル
*5：Please listen to〜　聞いてください

1年生の復習（3）現在進行形

⦿チェックポイント
・現在進行形の肯定文、否定文、疑問文が作れるか？

Q1 現在進行形の肯定文が作れるかな？

〈問題1〉
次の英文を now という語を一番後ろにつけて現在進行形にしましょう。

(1) I do my homework.

(2) You cook dinner.

(3) He makes a phone call.

(4) She reads a book.

(5) Taku plays baseball.

(6) We write a diary.

(7) You eat lunch.

(8) They carry heavy boxes.

(9) Taku and Hiro play the guitar.

〈重要〉

現在進行形は「am/are/is +動詞の〜ing 形」で表されます。したがって、たとえば〈問題1〉の（1）では主語 I の後ろに be 動詞 am を書き、do を〜ing 形に変えると、「I am doing」という現在進行形の文ができます。

現在進行形は、「（今）〜しているところです」という意味で、主語の人が今、実際に行っている動作を表します。

主語	be 動詞	動詞の〜ing 形	目的語
I （私は	am しているところです	doing	my homework now. 宿題を）
You	are	cooking	dinner now.
He	is	making	a phone call *1 now.
She	is	reading	a book now.
Taku	is	playing	baseball now.
We	are	writing	a diary *2 now.
You	are	eating	lunch now.
They	are	carrying	heavy boxes *3 now.
Taku and Hiro	are	playing	the guitar now.

*1：making a phone call 電話する
*2：writing a diary 日記を書く
*3：carrying heavy boxes 重い箱を運ぶ

* make のように最後が e で終わる動詞は e をとって ing をつけ making にします。
* stop のように最後の文字の前が短い音の時は、最後の文字（ここでは p）を重ねて ing をつけ stopping にします。

Q2 現在進行形の否定文が作れるかな？

〈問題2〉

次の文の日本語に合うように（　　　）の中の語句を並べかえましょう。
ただし、文の最初にくる語も小文字で書かれています。

(1) 私は宿題をしているところではありません。
(not, homework, doing, I'm, my).

(2) あなたは夕食を作っているところではありません。
(cooking, you, dinner, aren't).

(3) 彼は電話をしているところではありません。
(isn't, a phone call, making, he).

(4) 彼女は本を読んでいるところではありません。
(a book, isn't, reading, she).

(5) タクは野球をしているところではありません。
(Taku, baseball, playing, isn't).

(6) 私たちは日記を書いているところではありません。
(a diary, we, writing, aren't).

(7) あなたたちは昼食を食べているところではありません。
(aren't, lunch, you, eating).

(8) 彼らは重い箱を運んでいるところではありません。
(heavy boxes, aren't, they, carrying).

(9) タクとヒロはギターを弾いているところではありません。
(playing, Taku, the, and, aren't, Hiro, guitar).

〈重要〉

現在進行形の否定文は be 動詞の後ろに not をつけます。are not は aren't、is not は isn't と省略できます。amn't という形はないので、I'm not と省略します。

主語	be 動詞 + not	動詞の〜ing 形	目的語
I'm	not	doing	my homework.
You	aren't	cooking	dinner.
He	isn't	making	a phone call.
She	isn't	reading	a book.
Taku	isn't	playing	baseball.
We	aren't	writing	a diary.
You	aren't	eating	lunch.
They	aren't	carrying	heavy boxes.
Taku and Hiro	aren't	playing	the guitar.

be 動詞の否定文では、You aren't は You're not、He isn't は He's not、She isn't は She's not、We aren't は We're not、They aren't は They're not と省略することも多いです。

Q3 現在進行形の疑問文は作れるかな？

〈問題3〉
次の文の日本語に合うように（　　　）の中の語句を並べかえましょう。
また、できた疑問文に Yes と No で答えましょう。
ただし、文の最初にくる語も小文字で書かれています。

(1) あなたは夕食を作っているところですか？
　　（cooking, you, dinner, are）？

(2) 彼は電話をかけているところですか？
　　（a phone call, making, is, he）？

(3) 彼女は本を読んでいるところですか？
　　（she, is, a book, reading）？

(4) タクは野球をしているところですか？
　　（baseball, playing, Taku, is）？

(5) あなたたちは昼食を食べているところですか？
　　（eating, lunch, are, you）？

(6) 彼らは重い箱を運んでいるところですか？
　　（they, carrying, heavy boxes, are）？

(7) タクとヒロはギターを弾いているところですか？
　　（and, the, Taku, playing, are, Hiro, guitar）？

〈重要〉

現在進行形の疑問文は、be 動詞を文の先頭に持ってくるだけです。

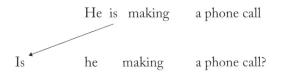

be 動詞	主語	動詞の〜ing 形	目的語
Are	you	cooking	dinner?
Is	he	making	a phone call?
Is	she	reading	a book?
Is	Taku	playing	baseball?
Are	you	eating	lunch?
Are	they	carrying	heavy boxes?
Are	Taku and Hiro	playing	the guitar?

答える時は、

Yes, I am.　No, I'm not.

Yes, he is.　No, he isn't.

などのようになります。

2年生で習う過去進行形

⊙チェックポイント
・過去進行形の肯定文、否定文、疑問文が作れるか？

Q1 過去進行形の肯定文が作れるかな？

〈問題1〉
次の英文を過去進行形にしましょう。

(1) I wrote a letter then.

(2) You took a bath then.

(3) He cleaned his room then.

(4) She did her homework then.

(5) Yuki read a book then.

(6) We sang a song then.

(7) You washed your T-shirts then.

(8) They watched TV then.

(9) Yuki and Kate played tennis then.

〈重要〉

過去進行形の文は「was/were＋動詞の〜ing 形」で表されます。したがって、たとえば〈問題1〉の（1）の文では主語 I の後ろに be 動詞 was を書き、wrote（書く）という動詞を〜ing 形、つまり、writing に変えると「I was writing」という過去進行形の文ができます。

過去進行形は「（その時）〜しているところでした」という、過去のある時点で進行中だった動作を表します。刑事ドラマのワンシーンで、刑事が容疑者にこんなことを聞いたりしますね。

「あなたは昨日の夜9時ごろ何をしていましたか？」

「私は自宅でテレビを見ていました」

これが過去進行形です。

「その時」など「いつ」を表す語は最後に書くのが自然です。

主語	was/were	動詞の〜ing 形	目的語	その時
I	was	writing	a letter	then. *
（私は		書いているところでした	手紙を	その時）
You	were	taking	a bath	then.
He	was	cleaning	his room	then.
She	was	doing	her homework	then.
Yuki	was	reading	a book	then.
We	were	singing	a song	then.
You	were	washing	your T-shirts	then.
They	were	watching	TV	then.
Yuki and Kate	were	playing	tennis	then.

＊ then　その時

Q2 過去進行形の否定文が作れるかな？

〈問題2〉
次の文の日本語に合うように（　　　）の中の語句を並べかえましょう。
ただし、文の最初にくる語も小文字で書かれています。

(1) 私はその時手紙を書いているところではありませんでした。
（wasn't, a letter, I, then, writing）.

(2) あなたはその時お風呂に入っているところではありませんでした。
（a bath, you, then, taking, weren't）.

(3) 彼はその時自分の部屋を掃除しているところではありませんでした。
（cleaning, wasn't, he, then, his room）.

(4) 彼女はその時宿題をやっているところではありませんでした。
（then, her homework, doing, wasn't, she）.

(5) ゆきはその時本を読んでいるところではありませんでした。
（wasn't, a book, Yuki, then, reading）.

(6) 私たちはその時歌を歌っているところではありませんでした。
（a song, weren't, we, then, singing）.

(7) あなたたちはその時Tシャツを洗っているところではありませんでした。
（then, washing, weren't, you, T-shirts, your）.

(8) 彼らはその時テレビを見ているところではありませんでした。
（TV, weren't, they, then, watching）.

(9) ゆきとケイトはその時テニスをしているところではありませんでした。
（Yuki, playing, and, weren't, Kate, then, tennis）.

〈重要〉

過去進行形の否定文は、was/were の be 動詞に not をつけて表します。was not は wasn't、were not は weren't と省略します。

主語	be 動詞 + not	動詞の〜ing 形	目的語	その時
I	wasn't	writing	a letter	then.
You	weren't	taking	a bath	then.
He	wasn't	cleaning	his room	then.
She	wasn't	doing	her homework	then.
Yuki	wasn't	reading	a book	then.
We	weren't	singing	a song	then.
You	weren't	washing	your T-shirts	then.
They	weren't	watching	TV	then.
Yuki and Kate	weren't	playing	tennis	then.

Q3 過去進行形の疑問文が作れるかな？

〈問題3〉
次の文の日本語に合うように（　　　）をうめましょう。
また、できた疑問文に、Yes と No で答えましょう。

(1) あなたはその時お風呂に入っているところでしたか？
　　　（　　　）（　　　）（　　　） a bath then?

(2) 彼はその時自分の部屋を掃除しているところでしたか？
　　　（　　　）（　　　）（　　　） his room then?

(3) 彼女はその時宿題をやっているところでしたか？
　　　（　　　）（　　　）（　　　） her homework then?

(4) ゆきはその時本を読んでいるところでしたか？
　　　（　　　）（　　　）（　　　） a book then?

(5) あなたたちはその時Tシャツを洗っているところでしたか？
　　　（　　　）（　　　）（　　　） your T-shirts then?

(6) 彼らはその時テレビを見ているところでしたか？
　　　（　　　）（　　　）（　　　） TV then?

(7) ゆきとケイトはその時テニスをしているところでしたか？
　　　（　　　）（　　　） and （　　　）（　　　） tennis then?

〈重要〉

過去進行形の疑問文も、現在進行形と同じく be 動詞（was/were）を文の先頭に持ってくるだけです。

　　　　　　You were taking a bath then.

Were　　you　　taking　　a bath then?

be 動詞	主語	動詞の〜ing 形	目的語	その時
Were	you	taking	a bath	then?
Was	he	cleaning	his room	then?
Was	she	doing	her homework	then?
Was	Yuki	reading	a book	then?
Were	you	washing	your T-shirts	then?
Were	they	watching	TV	then?
Were	Yuki and Kate	playing	tennis	then?

答える時は、

Yes, I was.　No, I wasn't.

Yes, we were.　No, we weren't.

などのようになります。

2年生で習う未来の文

⦿チェックポイント
・be going to を使う未来の肯定文、否定文、疑問文が作れるか？
・will を使う未来の肯定文、否定文、疑問文が作れるか？

Q1 be going to を使う未来の肯定文が作れるかな？

〈問題1〉

be going to と tomorrow を使って未来の文の英文にしましょう。

(1) I visit Osaka.

(2) You study math.

(3) He uses his computer.

(4) She buys a present.

(5) Kumi comes to the party.

(6) We have an English class.

(7) You leave London.

(8) They meet Mr. Suzuki.

〈重要〉

「主語 + be 動詞（主語に合わせた be 動詞）+ going to + 動詞の原形」で「(主語の人が) 〜する予定です」という未来の意味を表すことができます。

まず主語を書き、次に主語に合わせた be 動詞を書きます。続いて going to を書き、to のあとに動詞の原形で実際にこれからすることを書きます。「いつ」を表す語は最後に書くのが自然です。

主語	be 動詞 + going to	動詞の原形	目的語	いつ
I (私は	am going to 　予定です	visit 訪れる	Osaka 大阪を	tomorrow. 明日)
You	are going to	study	math	tomorrow.
He	is going to	use	his computer	tomorrow.
She	is going to	buy	a present	tomorrow.
Kumi	is going to	come	to the party	tomorrow.
We	are going to	have	an English class	tomorrow.
You	are going to	leave	London	tomorrow.
They	are going to	meet	Mr. Suzuki	tomorrow.

Q2 be going to を使う未来の否定文が作れるかな？

〈問題2〉
次の文の日本語に合うように（　　　）の中の語句を並べかえましょう。
ただし、語句が1つ不足しているのでそれを補って書きましょう。
ただし、文の最初にくる語も小文字で書かれています。

(1) 私は明日大阪を訪れる予定ではありません。
　　（not, to, I, Osaka, visit, tomorrow, am）.

(2) あなたは明日数学を勉強する予定ではありません。
　　（study, you, tomorrow, going, are, not, math）.

(3) 彼は明日自分のコンピュータを使う予定ではありません。
　　（tomorrow, his computer, he, not, to, use, is）.

(4) 彼女は明日プレゼントを買う予定ではありません。
　　（buy, tomorrow, she, not, a present, going, is）.

(5) くみは明日パーティーに来る予定ではありません。
　　（to, to, tomorrow, Kumi, going, is, the party, come）.

(6) 私たちは明日英語の授業はありません。
　　（an, we, English, going, are, class, have, tomorrow, to）.

(7) あなたたちは明日ロンドンを出発する予定ではありません。
　　（not, tomorrow, leave, you, London, are, to）.

(8) 彼らは明日鈴木先生に会う予定ではありません。
　　（Mr.Suzuki, meet, going, they, not, tomorrow, are）.

〈重要〉

「be going to〜」の否定文は、be 動詞の後ろに not をつけます。

主語	be動詞 + not + going to	動詞の原形	目的語	いつ
I	am not going to	visit	Osaka	tomorrow.
You	are not going to	study	math	tomorrow.
He	is not going to	use	his computer	tomorrow.
She	is not going to	buy	a present	tomorrow.
Kumi	is not going to	come	to the party	tomorrow.
We	are not going to	have	an English class	tomorrow.
You	are not going to	leave	London	tomorrow.
They	are not going to	meet	Mr. Suzuki	tomorrow.

I am not は I'm not、are not は aren't、is not は isn't と省略できます。また、You're not、He's not、She's not、We're not、They're not という省略も可能です。

Q3 be going to を使う未来の疑問文が作れるかな？

〈問題3〉
次の文の日本語に合うように（　　　）をうめましょう。
また、できた疑問文に、Yes と No で答えましょう。

(1) あなたは明日数学を勉強する予定ですか？
　　（　　）（　　）（　　）（　　）（　　） math tomorrow?

(2) 彼は明日彼のコンピュータを使う予定ですか？
　　（　　）（　　）（　　）（　　）（　　） his computer tomorrow?

(3) 彼女は明日プレゼントを買う予定ですか？
　　（　　）（　　）（　　）（　　）（　　） a present tomorrow?

(4) くみは明日パーティーに来る予定ですか？
　　（　　）（　　）（　　）（　　）（　　） to the party tomorrow?

(5) あなたたちは明日ロンドンを出発する予定ですか？
　　（　　）（　　）（　　）（　　）（　　） London tomorrow?

(6) 彼らは明日鈴木先生と会う予定ですか？
　　（　　）（　　）（　　）（　　）（　　） Mr. Suzuki tomorrow?

〈重要〉

「be going to」の疑問文は be 動詞を文の先頭に持ってくるだけです。

```
        You are    going to  study     math tomorrow.

Are     you        going to  study     math tomorrow?
```

be 動詞	主語	going to	動詞の原形	目的語	いつ
Are	you	going to	study	math	tomorrow?
Is	he	going to	use	his computer	tomorrow?
Is	she	going to	buy	a present	tomorrow?
Is	Kumi	going to	come	to the party	tomorrow?
Are	you	going to	leave	London	tomorrow?
Are	they	going to	meet	Mr. Suzuki	tomorrow?

答える時は、

Yes, I am.　　No, I'm not.

Yes, we are.　　No, we aren't.

などのようになります。

Q4 will を使う未来の肯定文が作れるかな？

〈問題4〉

will と next week を使って未来の英文にしましょう。

(1) I meet my grandmother.

(2) You make a speech.

(3) He watches the movie.

(4) She is fourteen years old.

(5) Ken reads the book.

(6) We run ten km.

(7) They climb the mountain.

〈重要〉

will は動詞の前について「~するでしょう」「~するつもりです」のように未来のことを表します。このように動詞の前について動詞に何らかの意味を付け加えるものを「助動詞」と言います。助動詞 will のあとの動詞は原形（何もつかない形）にします。

まず主語（~は）を書き、「will ＋動詞の原形」を書き、そのあと目的語（「~を、~に」にあたるもの）か補語（be 動詞の後ろにつくもの）を書きます。next week のように「いつ」を表す語は最後に書くのが自然です。

主語	will	動詞の原形	目的語か補語	いつ
I	will	meet	my grandmother	next week.
You	will	make	a speech ＊	next week.
He	will	watch	the movie	next week.
She	will	be	fourteen years old	next week.
Ken	will	read	the book	next week.
We	will	run	ten km	next week.
They	will	climb	the mountain	next week.

＊ make a speech スピーチをする

Q5 will を使う未来の否定文が作れるかな？

〈問題5〉
次の文の日本語に合うように（　　　）をうめましょう。

(1) 私は来週祖母に会うつもりはありません。
　　（　　　）（　　　）（　　　） my grandmother next week.

(2) あなたは来週スピーチをするつもりはありません。
　　（　　　）（　　　）（　　　） a speech next week.

(3) 彼は来週その映画を観るつもりはありません。
　　（　　　）（　　　）（　　　） the movie next week.

(4) 彼女は来週14歳にはならないでしょう。
　　（　　　）（　　　）（　　　） fourteen years old next week.

(5) ケンは来週その本を読むつもりはありません。
　　（　　　）（　　　）（　　　） the book next week.

(6) 私たちは来週10km 走るつもりはありません。
　　（　　　）（　　　）（　　　） ten km next week.

(7) 彼らは来週その山に登るつもりはありません。
　　（　　　）（　　　）（　　　） the mountain next week.

〈重要〉

will を使う未来の文では、will の後ろに not をつけて否定の形にします。

主語	will + not	動詞の原形	目的語か補語	いつ
I	won't	meet	my grandmother	next week.
You	won't	make	a speech	next week.
He	won't	watch	the movie	next week.
She	won't	be	fourteen years old	next week.
Ken	won't	read	the book	next week.
We	won't	run	ten km	next week.
They	won't	climb	the mountain	next week.

will not は won't と省略することが可能です。

Q6 will を使う未来の疑問文が作れるかな？

〈問題6〉
次の文の日本語に合うように（　　　）をうめましょう。
また、できた疑問文に、Yes と No で答えましょう。

(1) あなたは来週スピーチをするつもりですか？
　　　（　　　）（　　　）（　　　）a speech next week?

(2) 彼は来週その映画を観るつもりですか？
　　　（　　　）（　　　）（　　　）the movie next week?

(3) 彼女は来週14歳になるでしょうか？
　　　（　　　）（　　　）（　　　）fourteen years years old next week?

(4) ケンは来週その本を読むつもりですか？
　　　（　　　）（　　　）（　　　）the book next week?

(5) 彼らは来週その山に登るつもりですか？
　　　（　　　）（　　　）（　　　）the mountain next week?

〈重要〉

will を使う未来の疑問文では、will を文の先頭に持ってきます。

    You will make   a speech next week.

Will you   make   a speech next week?

Will	主語	動詞の原形	目的語か補語	いつ
Will	you	make	a speech	next week?
Will	he	watch	the movie	next week?
Will	she	be	fourteen years old	next week?
Will	Ken	read	the book	next week?
Will	they	climb	the mountain	next week?

答える時は、

Yes, I will. No, I won't.

Yes, they will. No, they won't.

などのようになります。

2年生で習う助動詞

⊙チェックポイント

・can, may, must, have/has to, should を使う肯定文、否定文、疑問文が作れるか？
・Shall I〜, Shall we〜, Will you〜 の用法がわかるか？
・Could you〜, Would you〜 の用法がわかるか？

Q1 can, may, must, have/has to, should を使う肯定文が作れるかな？

〈問題1〉

次の文の日本語に合うように（　　　）をうめましょう。

(1) あなたは明日早く起きなければなりません。
　　You（　　）（　　）（　　）early tomorrow.

(2) 彼は今日レポートを書かなければなりません。
　　He（　　）（　　）（　　）a report today.

(3) あなたは今夜買い物に行ってもいいですよ。
　　You（　　）（　　）shopping tonight.

(4) 彼女は新聞を読むべきです。
　　She（　　）（　　）the newspaper.

(5) 私は中国語が話せます。
　　I（　　）（　　）Chinese.

71

〈重要〉

助動詞とは、未来を意味するwillでも説明した通り、動詞の前について動詞にいろいろな意味を付け加えるものです。

can　〜できる
may　〜してもよい
must　〜しなければならない
should　〜するべきだ

などがあります。助動詞のあとの動詞は必ず原形です。

主語	助動詞	動詞の原形		
You	must	get up	early	tomorrow.
(あなたは	しなければならない	起きる	早く	明日)
He	has to	write	a report	today.
(彼は	しなければならない	書く	報告書を	今日)
You	may	go	shopping	tonight.
(あなたは	してもよい	行く	買い物に	今晩)
She	should	read	the newspaper.	
(彼女は	するべきだ	読む	新聞を)	
I	can	speak	Chinese.	
(私は	できる	話すことが	中国語を)	

have to と must は、どちらも肯定文では「〜しなければならない」の意味を表します。ただし、have to は3人称単数の主語の文では has to になります。

Q2 can, may, must, have/has to, should を使う否定文が作れるかな？

〈問題2〉

次の文の日本語に合うように（　　）をうめましょう。

(1) あなたは自転車で学校へ行くべきではありません。
　　（　　）（　　）（　　）to school by bike.

(2) あなたは今晩外出してはいけません。
　　（　　）（　　）（　　）out tonight.

(3) ミクは英語をあまり話せません。
　　Miku（　　）（　　）English very well.

(4) あなたはそのパーティーに行ってはいけません。
　　（　　）（　　）（　　）（　　）to the party.

(5) ボブは今日漢字の勉強をしなくてもいいです。
　　Bob（　　）（　　）（　　）（　　）Kanji today.

〈重要〉

助動詞 can, may, must, should を使う否定文は、そのすぐ後ろに not をつけます。

can not は can't（cannot）

must not は mustn't

should not は shouldn't

と省略できます。

may not は省略できません。

have/has to は一般動詞の否定文と同じで、don't または doesn't を使います。

主語	助動詞 + not	動詞の原形	
You	shouln't	go	to school by bike.
You	mustn't	go out	tonight.
Miku	can't	speak	English very well.
You	may not	go	to the party.

主語	don't/doesn't	have to	動詞の原形	
Bob	doesn't	have to	study	Kanji today.

肯定文では同じ意味だった must と have/has to ですが、否定文では意味が異なります。

mustn't 〜してはいけない

don't/doesn't have to 〜する必要はない

否定形の may not は must not と同じ意味になります。

Q3 can, may, must, have to, should を使う
疑問文が作れるかな？

〈問題3〉

次の文の日本語に合うように（　　）をうめましょう。
また、できた疑問文に、Yes と No で答えましょう。

(1) 彼は今日宿題を終わらせなければいけませんか？
　　　（　　）（　　）（　　）（　　）（　　） his homework today?

(2) 私は自分の部屋を掃除しなければなりませんか？
　　　（　　）（　　）（　　） my room?

(3) 窓をあけてもいいですか？
　　　（　　）（　　）（　　） the window?

(4) 私は静かにすべきですか？
　　　（　　）（　　）（　　） quiet?

(5) あなたは速く泳げますか？
　　　（　　）（　　）（　　） fast?

〈重要〉

助動詞 can, may, must, should を使う疑問文は、助動詞を文の先頭に持ってきます。

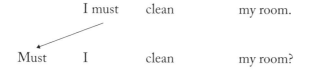

助動詞	主語	動詞の原形	
Must	I	clean	my room?
May	I	open	the window?
Should	I	be	quiet?
Can	you	swim	fast?

have to を使う疑問文は一般動詞の疑問文と同じです。

Do/Does	主語	have to	動詞の原形	
Does	he	have to	finish	homework?

答える時は、

Yes, you must.　はい、しなければなりません
No, you don't have to.　いいえ、しなくてもいいです
Yes, you should.　はい、しなければなりません
No, you don't have to.　いいえ、しなくてもいいです
May I ～の疑問文に答える時は、
Sure.　いいですよ
I'm afraid you can't.　すみませんが、だめです
などとなります。

Q4 Shall I～, Shall we～, Will you～の用法がわかるかな？

〈問題4〉
次の（　）に当てはまる語句を下から選んで疑問文と答えの英文を完成させましょう。ただし大文字で使うものも小文字にしてあります。同じ語句を何回使ってもよいです。

(1) 消しゴム貸してもらえる？
　　どうぞ。／ごめん、今使っているの。
　　(　　) (　　) lend me your eraser?
　　(　　)．／I'm (　　), I'm using it now.

(2) 夕食を作りましょうか？
　　はい、お願いします。／いいえ、結構です。
　　(　　) (　　) cook dinner?
　　Yes, (　　)．／No, (　　) (　　).

(3) 放課後バスケットボールをしましょうか？
　　はい、やりましょう。／いいえ、やめておきましょう。
　　(　　) (　　) play basketball after school?
　　Yes, (　　)．／No, (　　) (　　).

```
    I      you     we     please    sorry    not

       shall    will    let's    thank    sure
```

77

〈重要〉

助動詞＋主語	動詞の原形			
Will you （～してもらえますか？	lend 貸す	me 私に	your eraser? 消しゴムを）	
Shall I （〈私が〉～しましょうか？	cook 作る		dinner? 夕食を）	
Shall we （〈一緒に〉～しませんか？	play する		basketball 野球を	after school? 放課後）

Will you～の疑問文に答える時は、
Sure. Of course.　もちろん。いいですよ
I'm sorry I can't.　ごめんなさい、だめです
などのようになります。
Shall I～の疑問文に答える時は、
Yes, please.　はい、お願いします
No, thank you.　いいえ、結構です
などのようになります。
Shall we～の疑問文に答える時は、
Yes, lets.　はい、やりましょう
No, let's not.　いいえ、やめましょう
などのようになります。

Q5 Would you〜, Could you〜の用法がわかるかな？

〈問題5〉

次の（　　）に Would you 〜/Could you 〜 が入るかどうかを考えて、入る文には入れて英文を完成させましょう。

(1) (　　) (　　) tell me the way to the station?

(2) (　　) (　　) help you?

(3) (　　) (　　) have a birthday party for her, shall we?

(4) (　　) (　　) send me an e-mail?

(5) (　　) (　　) come with me?

〈重要〉

Would you 〜/Could you 〜 は「〜していただけませんか？」という丁寧な依頼の表現です。したがって、

Could /Would you tell me the way to the station?
駅までの道順を教えていただけますか？

Could /Would you send me an e-mail?
私にメールを送っていただけますか？

Could /Would you come with me?
私と一緒に来ていただけますか？

の３つが成立します。

答える時は、
Sure. Of course.　もちろん
I'm sorry I can't.　すみませんが、できません
などのようになります。

読解問題にチャレンジ（2）

次の会話文を読んで、あとの問いに答えましょう。

Taku ：I have to make a speech in English. Could you help me, Mr. Brown?
Mr. Brown ：Sure. What are you going to talk about?
Taku ：I'm going to talk about my family.
Mr. Brown ：<u>How about using</u> ＊ some pictures of your family? And you should use easy words. Then, your friends can understand you.
Taku ：OK, I will. Thank you very much, Mr. Brown.

＊ How about ～ing ～するのはどうですか？

[Question] ④の答えは2つあります
① What does Taku have to do?

② What is Taku going to talk about?

③ Who helps Taku?

④ What will Taku use in his speech?

上の会話文を40秒以内に読めるように、何回も音読して練習しましょう。

81

英作文問題にチャレンジ（2）

次の予定表にある①〜⑤を例文のように英語で書いてみましょう。

月曜日　　　　　火曜日　　　　　　土曜日　　　　　　日曜日
①図書館へ行く　②英語の勉強をする　③妹とテニスをする　④友だちと映画を観る

例）I am going to play soccer on Wednesday.

① I (　　　　　　　　　　　　　　).

② I (　　　　　　　　　　　　　　).

③ I (　　　　　　　　　　　　　　).

④ I (　　　　　　　　　　　　　　).

⑤ あなたは日曜日に何をしますか？

1年生の復習（4）名詞、形容詞、副詞

◉チェックポイント
・名詞は文中で主語、補語、目的語となることがわかるか？
・形容詞は文中で名詞を修飾することがわかるか？
・副詞は文中で動詞を修飾することがわかるか？

Q1 名詞は文中で主語になることがわかるかな？

〈問題1〉
次の文の日本語に合うように（　　　）の中の語句を並べかえましょう。ただし、余分な語が1つあります。できた英文の主語に○をつけましょう。ただし、文の最初にくる語も小文字で書かれています。

(1) あの山はとても高いです。
　　（very, they, mountain, high, is, that）.

(2) これらの切手はとても古いです。
　　（are, old, stamps, there, very, these）.

(3) あれらの花はとても美しいです。
　　（flowers, there, are, beautiful, those, very）.

(4) この英語の本は役に立ちます。
　　（book, is, this, an, useful, English）.

(5) その映画は面白いです。
　　（is, very, movie, interesting, that, a）.

(6) これらのコンピュータは新しいです。
　　（new, computers, are, there, these）.

〈重要〉

〈問題1〉の that mountain（あの山）、these stamps（これらの切手）、those flowers（あれらの花）、this English book（この英語の本）、the movie（その映画）、these computers（これらのコンピュータ）のような名詞のまとまりは、文中で主語の役割をします。

主語	be 動詞	補語
That mountain	is	very high.
（あの山は	です	とても高い）
These stamps	are	very old.
Those flowers	are	very beautiful.
This English book	is	useful.
（この英語の本は	です	役に立つ）
That movie	is	very interesting.
These computers	are	new.

be 動詞の後ろには、主語の人／ものがどのような状態であるのかを示す補語がきます。

Q2 名詞は文中で補語になることがわかるかな？

〈問題2〉
次の文の日本語に合うように（　　　）をうめましょう。
できた英文の補語に○をつけましょう。

(1) あれらは奈良にある古いお寺です。　　　　　　　　　＊お寺　temples
　　Those （　　　）（　　　）（　　　） in Nara.

(2) それらはとても面白い本です。
　　They （　　　）（　　　）（　　　）（　　　）.

(3) これはテニスの試合です。
　　This （　　　） a （　　　）（　　　）.

(4) あれはプールです。
　　That （　　　） a （　　　）（　　　）.

(5) あれらは年賀状です。
　　Those （　　　）（　　　）（　　　）（　　　）.

(6) それは先生の話です。
　　It （　　　） a （　　　）（　　　）.

〈重要〉

〈問題2〉の old temples（古いお寺）、very interesting books（とても面白い本）、a tennis game（テニスの試合）、a swimming pool（プール）、New Year's Cards（年賀状）、a teacher's talk（先生の話）のような名詞のまとまりは、文中で補語の役割をします。

主語	be動詞	補語	
Those （あれらは	are です	old temples 古いお寺	in Nara. 奈良にある）
They	are	very interesting books.	
This	is	a tennis game.	
That （あれは	is です	a swimming pool. プール）	
Those	are	New Year's Cards.	
It	is	a teacher's talk.	

Q3 名詞は文中で動詞の目的語になることがわかるかな？

〈問題3〉

次の文の日本語に合うように（　　）をうめましょう。
できた英文の目的語に○をつけましょう。

(1) 私たちはレッスンを始めました。
　　　We (　　) the (　　).

(2) あなたは辞書が必要です。
　　　You (　　) a (　　).

(3) ボブは日本文化が好きです。　　　　　　　　　＊日本文化　Japanese culture
　　　Bob (　　) (　　) (　　).

(4) 彼らはパーティーを始めました。
　　　They (　　) the (　　).

(5) 私は宿題を終えました。
　　　I (　　) my (　　).

(6) 私は春が好きです。
　　　I (　　) (　　).

〈重要〉

目的語とは、一般動詞のすぐ後ろについて、動作の対象を示す「～を、～に」に当たるものです。

〈問題3〉の the lesson（レッスン）、a dictionary（辞書）、Japanese culture（日本文化）、the party（パーティー）、my homework（宿題）、spring（春）のように名詞あるいは名詞のまとまりで文中の目的語になります。

主語	一般動詞	目的語
We （私たちは	began 始めた	the lesson. レッスンを）
You	need	a dictionary.
Bob	likes	Japanese culture.
They	began	the party.
I	finished	my homework.
I	like	spring.

Q4 形容詞は名詞を修飾していることがわかるかな？

〈問題4〉
次の文の日本語に合うように、下から選んだ語句を適当なところに入れて英文を完成させましょう。

(1) 私はいくつかの鳥を見た。
I saw birds.

(2) あの少女は長い髪をしている。
That girl has hair.

(3) 1月には雪がたくさん降る。
We have snow in January.

(4) 私は冷たいものがほしい。
I want something.

```
  much    some    cold    long
```

〈重要〉

形容詞とは、名詞を修飾してその状態を表すものです。some（いくつかの）、long（長い）、much（たくさんの）、cold（冷たい）などがそうです。

something, anything, nothing のように、thing で終わる名詞には後ろに形容詞がついて、その名詞を修飾します。

Q5 副詞は動詞を修飾することがわかるかな？

〈問題5〉
下線を引いた副詞は文中のどれを修飾しているでしょうか？
修飾している語句に○をつけましょう。

(1) I get up early every day.

(2) Tom runs fast.

(3) We read the book quietly.

(4) Ms. Brown speaks English slowly.

(5) You sing songs well.

〈重要〉

副詞とは、動詞を修飾し、動作がどのように行われたかを表します。

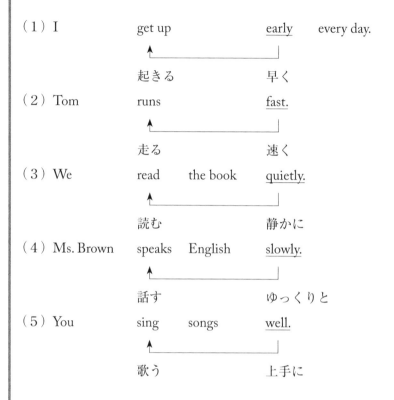

（3）の文の副詞 quietly は、the book を修飾すると「静かに本を」となり文章として中途半端なので、read を修飾して「静かに読んだ」となります。

（4）の文の副詞 slowly は、English を修飾すると「ゆっくりと英語を」となり文章として中途半端なので、speaks を修飾して「ゆっくりと話す」となります。

（5）の文の副詞 well は、songs を修飾すると「上手に歌を」となり文章として中途半端なので、sing を修飾して「上手に歌う」となります。

ポイント⑩　2年生で習う不定詞、動名詞

⊙チェックポイント
・不定詞の名詞的用法と動名詞は文中で主語、補語、目的語になることがわかるか？
・不定詞の形容詞的用法は文中で名詞を修飾することがわかるか？
・不定詞の副詞用法は文中で動詞を修飾することがわかるか？

Q1 不定詞の名詞的用法と動名詞は文中で主語になることがわかるかな？

〈問題1〉
次の文の日本語に合うように（　　　）の中の語句を並べかえましょう。
できた英文の主語に○をつけましょう。
ただし、文の最初にくる語も小文字で書かれています。

(1) あれらの山に登ることはとてもわくわくします。
　　(climb, exciting, to, very, those, is, mountains).

(2) これらの切手を集めることは難しいです。
　　(difficult, collect, stamps, is, these, to).

(3) あれらの花を見ることは素晴らしいです。
　　(is, flowers, see, wonderful, those, to).

(4) 英語の本を読むことは役に立ちます。
　　(useful, English, reading, is, books).

(5) 映画を観ることはとても面白いです。
　　(watching, interesting, is, very, movies).

(6) これらのコンピュータを使うことはやさしいです。
　　(is, computers, easy, these, using).

〈重要〉

「to + 動詞の原形」を不定詞と言います。また、動詞の ing 形は「動名詞」と言います。どちらも「～すること」の意味で、名詞と同じ働きをします。英文では「～することは」という主語を書き、be 動詞を書き、主語の人あるいはものの性質を表す補語を書きます。

以下と84ページの表を比べてみましょう。

主語	be 動詞	補語
To climb those mountains	is	very exciting.
（あれらの山に登ることは	です	とてもわくわくする）
To collect these stamps	is	difficult.
To see those flowers	is	wonderful.
Reading English books	is	useful.
（英語の本を読むことは	です	役に立つ）
Watching movies	is	very interesting.
Using these computers	is	easy.

Q2 不定詞の名詞的用法と動名詞は補語になることがわかるかな？

〈問題2〉
次の文の日本語に合うように（　　）をうめましょう。
できた英文の補語に○をつけましょう。

(1) 私の夢はたくさんの古いお寺を訪ねることです。
My dream（　　）（　　）（　　）a（　　）（　　）
（　　）temples.

(2) 私の仕事は面白い本を書くことです。
My job（　　）（　　）（　　）interesting books.

(3) 私の趣味はテニスの試合を見ることです。
My hobby（　　）（　　）（　　）（　　）games.

(4) 私の最も好きなことは泳ぐことです。
My favorite thing is（　　）.

(5) １つの日本文化は年賀状を書くことです。　　＊tradition　伝統、文化
One Japanese tradition（　　）（　　）New Year's Cards.

(6) 私の最も好きな余暇は友だちと話すことです。　　＊pastime　余暇
My favorite pastime（　　）（　　）to my friends.

〈重要〉

「～すること」という意味になる不定詞の名詞的用法「to + 動詞の原形」と動名詞（動詞の ing 形）は、文中で補語になることもできます。その場合には、「～は」に当たる主語を書き、次に be 動詞を書き、最後に補語となる「～すること」を書きます。以下と86ページの表を比べてみましょう。

主語	be 動詞	補語
My dream	is	to visit a lot of old temples.
（私の夢は	です	たくさんの古いお寺を訪れること）
My job	is	to write interesting books.
My hobby	is	to watch tennis games.
My favorite thing	is	swimming.
（私の最も好きなことは	です	泳ぐこと）
One Japanese tradition	is	writing New Year's Cards.
My favorite pastime	is	talking to my friends.

Q3 不定詞の名詞的用法と動名詞は文中で目的語になることがわかるかな？

〈問題3〉

次の文の日本語に合うように（　　　）をうめましょう。
できた英文の目的語に○をつけましょう。

(1) 私たちは走ることを始めました（走り始めました）。
　　We（　　　）（　　　）（　　　）.

(2) あなたは早く起きることが必要です（早く起きる必要があります）。
　　You（　　　）（　　　）（　　　）（　　　）early.

(3) ゆきは泳ぐことが好きです。
　　Yuki（　　　）（　　　）（　　　）.

(4) 彼女は本を読むことを始めました（読み始めました）。
　　She（　　　）（　　　）a book.

(5) 私は手紙を書くことを終えました（書き終えました）。
　　I（　　　）（　　　）a（　　　）.

(6) 彼は料理をすることが好きです。
　　He（　　　）（　　　）.

〈重要〉

「～すること」という意味になる不定詞の名詞的用法「to ＋動詞の原形」と動名詞（動詞の ing 形）は、文中で目的語になることができます。以下と88ページの表を比べてみましょう。

主語	一般動詞	目的語
We （私たちは	began 始めた	to *1 run. 走ることを）
You	need	to *2 get up early.
Yuki	likes	to *3 swim.
She	began	reading *4 a book.
I	finished	writing *5 a letter.
He	likes	cooking. *6

＊1：begin to do　～し始める
＊2：need to do　～する必要がある
＊3：like to do　～するのが好きである
＊4：begin ～ing　～し始める
＊5：finish ～ing　～し終える
＊6：like ～ing　～するのが好きである

ただし、目的語に不定詞しかとらない動詞、動名詞しかとらない動詞もあるので要注意です。

不定詞しかとらない動詞は hope（～することを希望する）、want（～したい）など。

動名詞しかとらない動詞は enjoy（～して楽しむ）、finish（～し終える）など。

Q4 前置詞のあとの動詞の形は何かわかるかな？

〈問題4〉
次の（　　）の動詞を適切な形にしましょう。

(1) ステキなプレゼントをくれてありがとう。
　　Thank you for (give) me a nice present.

(2) 買い物に行くのはどうですか？
　　How about (go) shopping?

(3) 日本文化を習うことに興味があります。
　　I'm interested in (learn) abaut Japanese culture.

(4) 彼女は、パスタを作るのが得意です。
　　She is good at (cook) pasta.

(5) トムは映画を観ることが好きです。
　　Tom is fond of (watch) movies.

〈重要〉

for, about, in, at, of, with, on などの前置詞の後ろにくる動詞は、動名詞（動詞の ing 形）になります。

	〈前置詞〉	〈動名詞〉	
（1） Thank you	for	giving *1	me a nice present.
（2） How	about	going *2	shopping?
（3） I'm interested	in	learning *3	about Japanese culture.
（4） She is good	at	cooking *4	pasta.
（5） Tom is fond	of	watching *5	movies.

*1：Thank you for ～ ing「～してくれてありがとう」の意味の熟語
*2：How about ～ ing「～はどうですか？」の意味の熟語
*3：be interested in ～ ing「～に興味がある」の意味の熟語
*4：be good at ～ing「～が得意である」の意味の熟語
*5：be fond of ～ing「～が好きである」の意味の熟語

Q5 不定詞の形容詞的用法は名詞を修飾することがわかるかな？

〈問題5〉
次の文の日本語に合うように（　　　）の中の語句を並べかえましょう。
形容詞と同じ役割をする部分に○をつけましょう。
ただし、文の最初にくる語も小文字で書かれています。

(1) 私は読むべき本をたくさん持っています。
　　（have, books, I, a lot of, read, to）．

(2) 私はその本を買うためのいくらかのお金を持っています。
　　（that book, to, money, have, some, I, buy）．

(3) あなたはやるべき宿題がたくさんあります。
　　（do, you, to, have, homework, a lot of）．

(4) 私は飲み物がほしいです。
　　（drink, want, I, to, something）．

(5) 彼は彼を助けてくれる友だちをもっていません。
　　（him, friends, doesn't, he, to, have, help, any）．

(6) 彼女は書くべき手紙をたくさん持っていますか？
　　（have, to, she, letters, write, does, a lot of）？

〈重要〉

「to＋動詞の原形」で表される不定詞の形容詞的用法は、「〜すべき」「〜するための」などと訳され、その前の名詞を修飾します。以下と90ページの文と比べてみましょう。

			〈名詞〉	〈不定詞〉
(1)	I	have	a lot of books	<u>to read</u>.
			本	読むべき
(2)	I	have	some money	<u>to buy</u> the book.
			お金	その本を買うための
(3)	You	have	a lot of homework	<u>to do</u>.
			宿題	やるべき
(4)	I	want	something	<u>to drink</u>.
			何か	飲むべき
(5)	He	doesn't have	any friends	<u>to help</u> him.
			友だち	彼を助ける
(6)	Does	she have	a lot of letters	<u>to write</u>?
			手紙	書くべき

Q6 不定詞の副詞的用法は動詞を修飾することがわかるかな？

〈問題6〉
次の文の日本語に合うように（　　　）の中の語句を並べかえましょう。
ただし、文の最初にくる語も小文字で書かれています。

(1) 私は英語を勉強するためにアメリカに行きました。
　　(America, to, to, I, English, study, went).

(2) 私は始発電車に乗るために早く起きました。
　　(got up, the first train, I, to, early, catch).

(3) 彼は次の試合に勝つために一生けん命練習しました。
　　(the next game, hard, win, to, practiced, he).

(4) ユミは彼女の叔父さんに会うために北海道を訪れました。
　　(her, meet, Yumi, Hokkaido, visited, to, uncle).

(5) 私はその国について学ぶためにその本を読みました。
　　(about, I, that book, learn, that country, read, to)

〈重要〉

「to＋動詞の原形」で表される不定詞は、副詞のように動詞を修飾することができます。これを副詞的用法と言います。「〜するために」という意味をもち、動詞の動作が何のために行われたかを表します。以下と92ページの文を比べてみましょう。

〈不定詞〉

(1) I went to America <u>to study</u> English.

　　行った　　　　　　　　勉強するために

(2) I got up early <u>to catch</u> the first train.

　　起きた　　　　　　　　始発電車に乗るために

(3) He practiced hard <u>to win</u> the next game.

　　練習した　　　　　　　次の試合に勝つために

(4) Yumi visited Hokkaido <u>to meet</u> her uncle.

　　訪れた　　　　　　　　彼女の叔父さんに会うために

(5) I read that book <u>to learn</u> about that country.

　　読んだ　　　　　　　　その国について学ぶために

Q7 感情の原因を表す不定詞の副詞的用法がわかるかな？

〈問題7〉
次の文の日本語に合うように（　　　）をうめましょう。

(1) 私はあなたに会えてうれしいです。
　　 I （　　　）（　　　）（　　　）（　　　） you.

(2) 私はそのニュースを聞いて驚きました。
　　 I （　　　）（　　　）（　　　）（　　　） that news.

(3) あなたは大阪を訪れてわくわくしました。
　　 You （　　　）（　　　）（　　　）（　　　） Osaka.

(4) ボブはプレゼントをもらってうれしいです。
　　 Bob （　　　）（　　　）（　　　）（　　　） the present.

(5) ミクはその手紙を読んでうれしかったです。
　　 Miku （　　　）（　　　）（　　　）（　　　） the letter.

〈重要〉

「to +動詞の原形」で表される不定詞のすぐ前に気持ちを表わす形容詞がくると、「〜して……だ」という意味になり、動詞の動作によってどう感じたかを表します。

主語	be動詞	形容詞	不定詞
I	am	glad	to see you.
（私は	です	うれしい	あなたに会えて）
I	was	surprised	to hear that news.
You	were	excited	to visit Osaka.
Bob	is	happy	to receive a present.
Miku	was	happy	to read the letter.

読解問題にチャレンジ（3）

次の会話文を読んで、あとの問いに答えましょう。

Tomoko : I want to be a teacher. I like teaching.
Kate　　: What do you teach?
Tomoko : I often teach Japanese to Bob. He isn't good at reading Kanji. What do you want to be in the future, Kate?
Kate　　: I'm not sure. I need to think about it.

[Question]
① What does Tomoko want to be?

② What does Tomoko like?

③ Who does Tomoko teach Japanese ?

④ What does Kate need to do?

上の会話文を30秒以内に読めるように、何回も音読して練習しましょう。

英作文問題にチャレンジ（3）

あなたは将来、次のことをしたいと思っています。英語で書いてみましょう。

・私の夢は画家*1になることです。
・私は将来留学したい*2。
・美術を学ぶためにニューヨークに行きたい。
・留学するためのお金がほしい。
・夏休みにはアルバイトをする*3予定です*4。

*1：画家　an artist
*2：留学する　study abroad
*3：アルバイトをする　work part time
*4：〜する予定です　be going to 〜

2年生で習う形容詞の比較

⊙チェックポイント
・be 動詞のあとにつく形容詞の用法がわかるか？
・be 動詞のあとにつく形容詞の比較がわかるか？
・名詞を修飾する形容詞の用法がわかるか？
・名詞を修飾する形容詞の比較がわかるか？

Q1 be 動詞の後ろにつく形容詞の用法がわかるかな？

〈問題1〉
次の文の日本語に合うように、下から選んだ形容詞を（　　）に入れて英文を完成させましょう。

(1) 私は背が高いです。
　　I am (　　).
(2) このゲームは安いです。
　　This game is (　　).
(3) あなたは親切です。
　　You are (　　).
(4) この写真は古いです。
　　This picture is (　　)
(5) トムは親しみやすいです
　　Tom is (　　).
(6) この本は難しいです。
　　This book is (　　).

```
old   cheap   friendly   tall   difficult   kind
```

〈重要〉

形容詞は人やものの状態を表すものです。be 動詞のすぐ後ろにつくと、主語の人やものの状態を表すことができます。たとえば「I am tall.」であれば、主語 I が tall の状態であることを表しています。

主語	be 動詞	形容詞
I （私は	am です	tall. 背が高い）
This game	is	cheap.
You	are	kind.
This picture	is	old.
Tom	is	friendly.
This book	is	difficult.

Q2 be動詞のあとにつく形容詞の比較（1）比較級

〈問題2〉
次の文の日本語に合うように（　　）をうめましょう。

(1) 私はあなたより背が高いです。
    I （　　）（　　）（　　）（　　）．

(2) このゲームはあのゲームより安いです。
    This game （　　）（　　）（　　） that one.
    ＊one は前の名詞の代わりとなる。ここでは game の代わりに使われている。

(3) あなたは彼女より親切です。
    You （　　）（　　）（　　）（　　）．

(4) この写真はあの写真より古いです。
    This picture （　　）（　　）（　　） that one.

(5) トムはボブより親しみやすいです。
    Tom （　　）（　　）（　　）（　　） Bob.

(6) この本はあの本より難しいです。
    This book （　　）（　　）（　　）（　　） that one.

〈重要〉

「形容詞に er をつける + than〜」で「〜よりも……です」という文ができます。このような形容詞の使い方を「比較級」と言います。ただし、friendly や difficult などのように比較的長い形容詞の比較級はその前に more をつけ、「more + 形容詞の原形 + than〜」の形になります。この時、形容詞に er はつきません。

主語	be 動詞	形容詞
I (私は	am です	tall. 背が高い)

主語	be 動詞	形容詞 + er	than	人 / もの
I (私は	am です	taller 背が高い	than より	you. あなた)
This game	is	cheaper	than	that one.
You	are	kinder	than	her.
This picture	is	older	than	that one.

主語	be 動詞	more + 形容詞の原形	than	人 / もの
Tom (トムは	is です	more friendly 親しみやすい	than より	Bob. ボブ)
This book	is	more difficult	than	that one.

＊ easy のように y で終わり、y の前が「a」「i」「u」「e」「o」でないものの場合は y を i に変えて er をつけます。easy-easier

＊ big のように前の音が短い音である場合は最後の文字を重ねて er をつけます。big-bigger

Q3 be 動詞のあとにつく形容詞の比較（2）最上級

〈問題3〉
次の文の日本語に合うように（　　　）をうめましょう。

(1) 私はクラスの中で一番背が高いです。
　　I （　　　）（　　　）（　　　）（　　　） my class.

(2) このゲームはその店の中で一番安いです。
　　This game （　　　）（　　　）（　　　）（　　　） the shop.

(3) あなたはみんなの中で一番親切です。
　　You （　　　）（　　　）（　　　）（　　　）（　　　）.

(4) その写真はすべての中で一番古いです。
　　This picture （　　　）（　　　）（　　　）（　　　）（　　　）.

(5) トムはクラスの中で一番親しみやすい少年です。
　　Tom is （　　　）（　　　）（　　　） boy （　　　） my class.

(6) この本は図書館の中で一番難しいです。
　　This book （　　　）（　　　）（　　　）（　　　）（　　　） the library.

〈重要〉

「the ＋形容詞に est をつける」で「一番〜、最も〜」という文ができます。このような形容詞の使い方を「最上級」と言います。ただし、比較的長い形容詞はその前に the most をつけて、「the most ＋形容詞の原形」の形で最上級を表します。この時、形容詞に est はつきません。

主語	be 動詞	形容詞
I （私は	am です	tall. 背が高い）

主語	be 動詞	the 形容詞 ＋ est	
I （私は	am です	the tallest 背が高い	in my class. クラスの中で）
This game	is	the cheapest	in the shop.
You	are	the kindest	of all.
This picture	is	the oldest	of all.

主語	be 動詞	the most ＋形容詞の原形	
Tom （トムは	is です	the most friendly boy 一番親しみやすい少年	in my class. クラスの中で）
This book	is	the most difficult	in the library.

「クラスの中で」は in my class、「みんなの中で」は of all になっています。同じ「中で」という日本語でも一方は in、もう一方は of です。後ろが all または数字の時は of、それ以外は in です。「日本の中で」なら in Japan、「3 人の中で」なら of the three となります。

Q4 be動詞のあとにつく形容詞の比較（2）原級

〈問題4〉
次の文の日本語に合うように（　　）をうめましょう。

(1) 私は私の父と同じくらい背が高いです。
　　I（　　）（　　）（　　）（　　）my father.

(2) このゲームはあのゲームと同じくらい安いです。
　　This game（　　）（　　）（　　）（　　）that one.

(3) あなたは私の母と同じくらい親切です。
　　You（　　）（　　）（　　）（　　）my mother.

(4) その写真はあの写真と同じくらい古いです。
　　The picture（　　）（　　）（　　）（　　）that one.

(5) トムはジョンと同じくらい親しみやすいです。
　　Tom（　　）（　　）（　　）（　　）John.

(6) この本はあの本と同じくらい難しいです。
　　This book（　　）（　　）（　　）（　　）that one.

〈重要〉

「as ＋形容詞＋ as ＋人／もの〜」で「〜と同じくらい……だ」という文ができます。このように、２つの何かを比べた時に差がないことを表す形容詞の使い方を「原級」と言います。

主語	be 動詞	形容詞
I	am	tall.
（私は	です	背が高い）

主語	be 動詞	as ＋形容詞＋ as	人／もの
I	am	as tall as	my father.
（私は	です	同じくらい背が高い	父と）
This game	is	as cheap as	that one.
You	are	as kind as	my mother.
This picture	is	as old as	that one.
Tom	is	as friendly as	John.
This book	is	as difficult as	that one.

否定形は「not ＋ as ＋形容詞＋ as 人／もの」となります。

例) I'm not as tall as my father.

日本語に訳すと「私は私の父と同じくらいの背が高くない」ではなく、「私は私の父ほど背が高くない」、つまり「私の父のほうが背が高い」となり My father is taller than me. と同じ意味になります。

Q5 名詞を修飾する形容詞の用法がわかるかな？

〈問題5〉

次の文の日本語に合うように、下から選んだ形容詞を適当なところに入れて英文を完成させましょう。

(1) 私はたくさんの本を読みました。
I read books.

(2) あなたはかわいい人形を持っています。
You have dolls.

(3) この犬はたくさんの水を飲みます。
This dog drinks water.

(4) 彼女は長い手紙を書きました。
She wrote a letter.

```
    much    many    long    pretty
```

〈重要〉
形容詞は名詞（人やもの）の状態を表しますが、日本語の語順と同じように名詞の前につけて用いることができます。

manyとmuchは同じ意味ですが、manyは数えられる名詞に、muchは数えられない名詞の前につきます。

Q6 名詞を修飾する形容詞の比較（1）比較級

〈問題6〉
次の文の日本語に合うように（　　　）をうめましょう。

(1) 私はあなたよりも多くの本を読みました。
　　I read （　　　）（　　　）（　　　） you.

(2) あなたは彼女よりもかわいい人形を持っています。
　　You have （　　　）（　　　）（　　　） her.

(3) この犬はあの犬よりも多くの水を飲みます。
　　This dog drinks （　　　）（　　　）（　　　） that one.

(4) 彼女は彼女の友だちよりも長い手紙を書きました。
　　She wrote （　　　）（　　　）（　　　） her friend.

〈重要〉

名詞の前につく形容詞の比較級の文は、「形容詞に er をつける＋名詞＋ than ＋人／もの〜」の形になり、「〜よりも……する（した）」という意味を表します。比較的長い形容詞の比較級は「more ＋形容詞の原形」です。

主語	一般動詞	形容詞＋名詞
I （私は	read 読みました	many books. 多くの本を）

主語	一般動詞	形容詞の比較級＋名詞	than	人/もの
I （私は	read 読みました	more books もっと多くの本を	than より	you. あなた）
You	have	prettier dolls	than	her.
This dog	drinks	more water	than	that one.
She	wrote	longer letters	than	her friend.

* many も much も比較級が more、最上級が most になります。
* more books（もっと多くの本）、prettier dolls（もっとかわいい人形）、more water（もっと多くの水）、longer letters（もっと長い手紙）というかたまりをはなして書かないように注意しましょう。例えば I read books more than you. という間違いはとても多いです。

Q7 名詞を修飾する形容詞の比較（2）最上級

〈問題7〉
次の文の日本語に合うように（　　）をうめましょう。

(1) 私はクラスの中で最も多くの本を読みました。
　　I read （　　）（　　）（　　）（　　）my class.

(2) あなたは家族の中で最もかわいい人形を持っています。
　　You have （　　）（　　）（　　）（　　）our family.

(3) この犬は3匹の中で最もたくさんの水を飲みます。
　　This dog drinks （　　）（　　）（　　）（　　）the three.

(4) 彼女はみんなの中で最も長い手紙を書きました。
　　She wrote （　　）（　　）（　　）（　　）all.

〈重要〉

名詞の前につく形容詞の最上級の文は、「the ＋形容詞に est をつける＋名詞」の形になり、「最も〜する（した）、一番〜する（した）」という意味になります。比較的長い形容詞の最上級は「the most ＋形容詞の原形」です。

主語	一般動詞	形容詞＋名詞
I	read	many books.

主語	一般動詞	形容詞の最上級＋名詞	
I （私は	read 読みました	the most books 一番多くの本を	in my class. クラスで）
You	have	the prettiest dolls	in our family.
This dog	drinks	the most water	of the three.
She	wrote	the longest letters	of all.

Q8 名詞を修飾する形容詞の比較（3）原級

〈問題8〉
次の文の日本語に合うように（　　　）をうめましょう。

(1) 私は私の姉と同じくらい多くの本を読みました。
　　I read （　　　）（　　　）（　　　）（　　　） my sister.

(2) あなたは彼女のと同じくらいかわいい人形を持っています。
　　You have （　　　）（　　　）（　　　）（　　　） hers.

(3) この犬はあの犬と同じくらい多くの水を飲みます。
　　This dog drinks （　　　）（　　　）（　　　）（　　　） that dog.

(4) 彼女はあなたと同じくらい長い手紙を書きました。
　　She wrote （　　　）（　　　）（　　　）（　　　） you.

〈重要〉

名詞の前につく形容詞の原級は、形容詞＋名詞を1つのまとまりとしてとらえ、as で前後をはさみます。「as ＋形容詞＋名詞＋ as ＋人／もの」の形になり「〜と同じくらい……なものだ」という意味を表します。

下表の例文「I read many books.」では、「many books」をかたまりとしてとらえ、as で前後をはさみ「I read as many books as my sister.」で「姉と同じくらいたくさん本を読みました」の意味になります。

主語	一般動詞	形容詞＋名詞
I	read	many books.

主語	一般動詞	as ＋形容詞＋名詞＋ as	人/もの
I （私は	read 読みました	as many books as 同じくらい多くの本を	my sister. 姉と）
You	have	as pretty dolls as	hers.
This dog	drinks	as much water as	that one.
She	wrote	as long letters as	you.

２年生で習う副詞の比較

⦿チェックポイント
・副詞とはどういうものかわかるか？
・副詞の比較がわかるか？

Q1 副詞とはどういうものかわかるかな？

〈問題１〉

次の文の日本語に合うように、下から選んだ副詞を適当なところに入れて英文を完成させましょう。

(1) トムは速く泳げます。
　　Tom can swim.
(2) 私は早く起きました。
　　I got up.
(3) 彼女はとても上手にバスケットボールをします。
　　She plays basketball.
(4) 私はこの歌がとても好きです。
　　I like this song.
(5) 私の祖母はゆっくりと歩きます。
　　My grandmother walks.
(6) スミスさんは日本語をすらすらと話します。
　　Mr. Smith speaks Japanese.

---
early　　very much　　slowly　　fast　　fluently *　　very well

＊ fluently　ぺらぺらと、すらすらと

〈重要〉

副詞とは名詞以外を修飾するものです。下の例文にある fast, early, very well, very much, slowly, fluently などの副詞は、それぞれの文の動詞（助動詞を含む）を修飾し、その動作がどのように行われたかを表します。

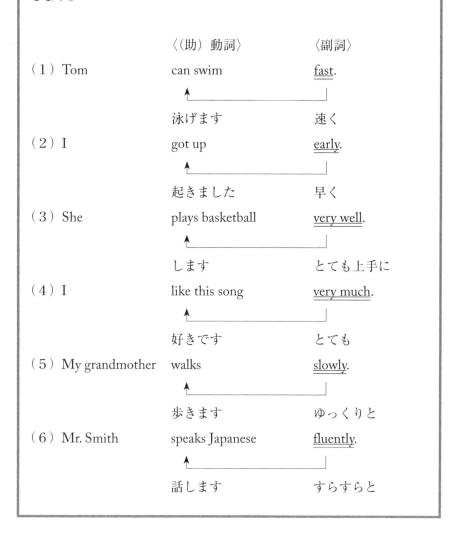

		〈(助)動詞〉	〈副詞〉
(1)	Tom	can swim	<u>fast</u>.
		泳げます	速く
(2)	I	got up	<u>early</u>.
		起きました	早く
(3)	She	plays basketball	<u>very well</u>.
		します	とても上手に
(4)	I	like this song	<u>very much</u>.
		好きです	とても
(5)	My grandmother	walks	<u>slowly</u>.
		歩きます	ゆっくりと
(6)	Mr. Smith	speaks Japanese	<u>fluently</u>.
		話します	すらすらと

Q2 副詞の比較（1）比較級

〈問題2〉
次の文の日本語に合うように（　　）をうめましょう。

(1) トムはマイクより速く泳げます。
　　Tom can swim (　　) (　　) (　　).

(2) 私は私の母よりも早く起きました。
　　I got up (　　) (　　) (　　) (　　).

(3) 彼女は私の妹よりも上手にバスケットボールをします。
　　She plays basketball (　　) (　　) (　　) (　　).

(4) 私はあの歌よりもこの歌が好きです。
　　I like this song (　　) (　　) (　　) one.

(5) 私のお婆さんは私のお姉さんよりもゆっくりと歩きます。
　　My grandmother walks (　　) (　　) (　　) (　　) (　　).

(6) スミスさんはグリーンさんよりも日本語をすらすらと話します。
　　Mr. Smith speaks Japanese (　　) (　　) (　　) Ms. Green.

〈重要〉

「副詞に er をつける + than + 人／もの」の形で「〜よりも……」という意味を表します。このような副詞の使い方を「比較級」と言います。ただし、長い副詞はその前に more をつけて「more + 副詞の原形」の形で比較級を表します。この時、副詞に er はつきません。

主語	(助) 動詞	副詞
Tom	can swim	fast.
(トムは	泳げます	速く)

主語	(助) 動詞	副詞 + er	than	人／もの
Tom	can swim	faster	than	Mike.
(トムは	泳げます	速く	より	マイク)
I	got up	earlier	than	my mother.
She	play basketball	better	than	my sister.
I	like this song	better	than	that one.

主語	(助) 動詞	more + 副詞	than	人／もの
My grandmother	walks	more slowly	than	my sister.
Mr. Smith	speaks Japanese	more fluently	than	Ms. Green.

「like + 人／もの + very much」の場合は much を比較級 more にしてしまいがちですが、「like + 人／もの + better」となります。

Q3 副詞の比較（2）最上級

〈問題3〉
次の文の日本語に合うように（　　）をうめましょう。

(1) トムは学校の中で一番速く泳げます。
　　Tom can swim （　　）（　　）（　　） my school.

(2) 私は家族の中で一番早く起きました。
　　I got up （　　）（　　）（　　） my family.

(3) 彼女はみんなの中で一番バスケットボールが上手です。
　　She plays basketball （　　）（　　）（　　） all.

(4) 私はこの歌が10曲の中で一番好きです。
　　I like this song （　　）（　　）（　　） the ten.

(5) 私のお婆さんはみんなの中で一番ゆっくりと歩きます。
　　My grandmother walks （　　）（　　）（　　）（　　） all.

(6) スミスさんはクラスの中で一番すらすらと日本語を話します。
　　Mr. Smith speaks Japanese （　　）（　　）（　　）（　　） his class.

〈重要〉

「the + 副詞に est をつける」の形で「一番〜、最も〜」という意味を表します。このような副詞の使い方を「最上級」と言います。長い副詞はその前に (the) most をつけて、「(the) most + 副詞の原形」で最上級を表します。ただし、形容詞の最上級とちがって、副詞の場合は the を省略できます。

主語	(助)動詞	副詞
Tom	can swim	fast.

主語	(助)動詞	(the) 副詞 + est	
Tom	can swim	(the) fastest	in my school.
(トムは	泳げます	一番速く	学校の中で)
I	got up	(the) earliest	in my family.
She	play basketball	(the) best	of all.
I	like this song	(the) best	of the ten.

主語	(助)動詞	(the) most + 副詞	
My grandmother	walks	(the) most slowly	of all.
Mr. Smith	speaks Japanese	(the) most fluently	in his class.

Q4 副詞の比較（3）原級

〈問題4〉
次の文の日本語に合うように（　　）をうめましょう。

(1) トムはジャックと同じくらい速く泳げます。
　　Tom can swim（　　）（　　）（　　）Jack.

(2) 私は母と同じくらい早く起きます。
　　I got up（　　）（　　）（　　）my mother.

(3) 彼女はケイトと同じくらいバスケットボールが上手です。
　　She plays basketball（　　）（　　）（　　）Kate.

(4) 私はあの歌と同じくらいこの歌が好きです。
　　I like this song（　　）（　　）（　　）that one.

(5) 私のお婆さんはおじいさんと同じくらいゆっくりと歩きます。
　　My grandmother walks（　　）（　　）（　　）my grandfather.

(6) スミスさんは田中さんと同じくらい日本語をスラスラと話します。
　　Mr. Smith speaks Japanese（　　）（　　）（　　）Ms. Tanaka.

〈重要〉

「as +副詞+ as +人／もの」の形で「〜と同じくらい……」という意味を表します。このような副詞の使い方を「原級」と言います。

主語	（助）動詞	副詞
Tom	can swim	fast.

主語	（助）動詞	as 副詞 as	人／もの
Tom （トムは	can swim 泳げます	as fast as 同じくらい速く	Jack. ジャックと）
I	got up	as early as	my mother.
She	plays basketball	as well as	Kate.
I	like this song	as much as	that one.
My grandmother	walks	as slowly as	my grandfather.
Mr. Smith	speaks Japanese	as fluently as	Ms. Tanaka.

否定形は「not + as +副詞の原形+ as +人／もの」となります。

例）Tom cannot swim as fast as Jack.

（トムはジャックほど速くは泳げません）

2年生で習う接続詞

◉チェックポイント

・when, because, if, before, after などの接続詞の用法がわかるか？
・接続詞 that の使い方がわかるか？

Q1 when, because, if, before, after などの接続詞の用法がわかるかな？

〈問題１－１〉

次の文の（　　）には接続詞が入ります。頭文字に続く適当な語句を入れて英文を完成させましょう。

(1) You were taller than your father (b　　) you became fourteen years old.

(2) My music teacher was in his room (w　　) I got to school.

(3) I wanted something to drink (a　　) I ran twenty km.

(4) I'm going to eat lunch (b　　) I'm hungry.

(5) Shall I open the window (i　　) you feel hot in this room?

〈重要〉

前後の文をつなぐ語句を接続詞と言います。before（～の前に）、after（～のあと）、when（～の時）、because（～なので）、if（もし～ならば）などがあります。

You were taller than your father① **before** you became fourteen years old.
あなたはお父さんより背が高かったです ＋ あなたが14歳になる前に

My music teacher was② in his room **when** I got to school.
音楽の先生は部屋にいました ＋ 私が学校に着いた時

I wanted something to drink③ **after** I ran twenty km.
私は何か飲み物がほしかったです ＋ 私が20キロ走ったあとで

I'm going to eat④ lunch **because** I'm hungry.
私はランチを食べる予定です ＋ おなかが空いているので

Shall I⑤ open the window **if** you feel hot in this room?
窓をあけましょうか？ ＋ もし室内が暑いと感じるならば

[ワンポイントレビュー]
①形容詞の比較（→ P.112）
② be 動詞の過去形（→ P.16）
③不定詞の形容詞的用法（→ P.102）
④未来の文（→ P.60）
⑤助動詞（→ P.78）

〈問題１－２〉
次の文の日本語に合うように（　　　）の中の語句を並べかえましょう。
英文の途中で「,」を入れて書きましょう。
ただし、文の最初にくる語も小文字で書かれています。

(1) 私が家に帰った時、私の妹はテレビを見ていました。
（was, I, my sister, when, came home, watching）TV.

(2) 医者になりたいので、私は毎日一生けん命勉強します。
（be, study, I, I, to, hard, a doctor, want, because）every day.

(3) もし明日雨ならば、私は家にいるでしょう。
（will, I, if, rains, it, tomorrow）stay home.

(4) トムが来る前に私は仕事を終わらせました。
（before, I, came, finished, Tom）working.

(5) 夕食を食べたあと、一緒にこの CD を聞きませんか？
（we, dinner, after, shall, listen to, eat, we）this CD?

〈重要〉

when, because, if, before, after などの接続詞は、文の先頭に持ってきて使うことができます。その場合、すぐあとに「主語＋動詞」が続き、つながる２つめの「主語＋動詞」は「,」のあとに書きます。

(1) When [I] [came] home, my sister was watching① TV.
　　　　　主語＋動詞

(2) Because [I] [want] to be② a doctor, I study hard every day.
　　　　　　主語＋動詞

(3) If [it] [rains] tomorrow, I will③ stay home.
　　　主語＋動詞

(4) Before [Tom] [came], I finished working.④
　　　　　　主語＋動詞

(5) After [we] [eat] dinner, shall we⑤ listen to this CD?
　　　　　主語＋動詞

[ワンポイントレビュー]

①過去進行形（→ P.54）

②不定詞の名詞的用法（動詞の目的語になる不定詞）（→ P.98）

③未来の文（→ P.60）

④動名詞（動詞の目的語になる動名詞）（→ P.98）

⑤助動詞（→ P.78）

Q2 that の用法がわかるかな？

〈問題2〉

次の文の日本語に合うように（　　）をうめましょう。

(1) 私は本を読むことは重要だと思います。
   I (　　) (　　) (　　) (　　) is important.

(2) 彼は私がその知らせを聞いて驚いているのを知っています。
   He (　　) (　　) I (　　) (　　) (　　) (　　) the news.

(3) 私はそのレポートを書かなくてもよいことを望みます。
   I (　　) (　　) I (　　) (　　) (　　) write the report.

(4) あなたは生徒たちは教室を掃除すべきだと思いますか？
   (　　) (　　) (　　) (　　) students (　　) clean their classrooms?

(5) 私は彼が料理が得意だとは知りません。
   I (　　) (　　) (　　) he (　　) (　　) (　　) cooking.

〈重要〉

接続詞の that は「〜ということ」という意味を表します。すぐあとに「主語＋動詞」が続きます。

I think that 〜　〜ということを私は思う
I know that 〜　〜ということを私は知っている
I hope that 〜　〜ということを私は望む

(1) I think that |reading① books| |is| important.
　　　　　　　　　　主語＋動詞

(2) He knows that |I| |am| surprised to hear② the news.
　　　　　　　主語＋動詞

(3) I hope that |I| |don't have to write③| the report.
　　　　　　主語＋動詞

(4) Do you think that |students| |should④ clean| their classroom?
　　　　　　　　　　主語　＋　動詞

(5) I don't know that |he| |is| good at cooking.⑤
　　　　　　　　　主語＋動詞

[ワンポイントレビュー]

①動名詞（主語になる動名詞）（→ P.94）

②不定詞（感情の原因を表す不定詞）（→ P.106）

③助動詞（→ P.74）

④助動詞（→ P.72）

⑤動名詞（前置詞の後ろにつく動名詞）（→ P.100）

2年生で習うさまざまな文

◉チェックポイント
・主語と動詞だけで成り立つ文がわかるか？
・主語と動詞と補語で成り立つ文がわかるか？
・主語と動詞と目的語で成り立つ文がわかるか？
・主語と動詞と目的語2つで成り立つ文がわかるか？
・主語と動詞、目的語、補語で成り立つ文がわかるか？
・There is/are の文がわかるか？

Q1 主語と動詞だけで成り立つ文がわかるかな？

〈問題1〉
次の英文の主語に○を、動詞に△をつけ、日本語に訳しましょう。

(1) He swims fastest.

(2) The store closes at seven.

(3) He must work in a hospital.

(4) Yumi runs after school.

(5) I study hard every day to be a doctor.

〈重要〉

（1）|He| |swims| |fastest.|①
　　　主語＋動詞

fastest がなくても文が成り立ちます。

このことから、主語と動詞だけで成り立つ文と言えます。

（2）|The store| |closes| at seven.
　　　　　主語＋動詞

at seven がなくても文が成り立ちます。

このことから、主語と動詞だけで成り立つ文と言えます。

（3）|He| |must work|② in a hospital.
　　　主語＋動詞

in a hospital がなくても文が成り立ちます。

このことから、主語と動詞だけで成り立つ文と言えます。

（4）|Yumi| |runs| after school.
　　　　主語＋動詞

after school がなくても文が成り立ちます。

このことから、主語と動詞だけで成り立つ文と言えます。

（5）|I| |study| hard every day to be③ a doctor.
　　　主語＋動詞

hard every day to be a doctor がなくても文が成り立ちます。このことから、主語と動詞だけで成り立つ文と言えます。

[ワンポイントレビュー]

①副詞の比較（→ P.130）

②助動詞（→ P.72）

③不定詞の副詞的用法（→ P.104）

Q2 主語と動詞と補語だけで成り立つ文がわかるかな？

〈問題2〉
次の英文の（　　）には動詞が入ります。頭文字に続く適当な語句を入れて英文を完成させましょう。

(1) あなたは疲れているように見えます。
You (l　　　) tired.

(2) 彼は医者になりました。
He (b　　　) a doctor.

(3) 私の父は若かった時、サッカー選手でした。
My father (w　　　) a soccer player when he (w　　　) young.

(4) それは素晴らしい！
That (s　　　) great!.

(5) 暗くなりました。
It (g　　　) dark.

〈重要〉

be 動詞や be 動詞と同じ役割をする動詞（look, become, sound, get など）のあとにつく語を「補語」と言います。

（1）You look tired.
　　　主語＋動詞＋補語

You look だけでは意味が通じません。

このことから、補語なしでは成り立たない文とわかります。

（2）He became a doctor.
　　　主語＋動詞＋補語

He become だけでは意味が通じません。

このことから、補語なしでは成り立たない文とわかります。

（3）My father was a soccer player when① he was young.
　　　主語　＋　動詞　＋　補語　　　　　　主語＋動詞＋補語

My father, he was だけでは意味が通じません。

このことから、補語なしでは成り立たない文とわかります。

（4）That sounds great!
　　　主語＋動詞＋補語

That sounds だけでは意味が通じません。

このことから、補語なしでは成り立たない文とわかります。

（5）It got dark.
　　　主語＋動詞＋補語

It got だけでは意味が通じません。

このことから、補語なしでは成り立たない文とわかります。

[ワンポイントレビュー]

①接続詞（→ P.134）

Q3 主語と動詞と目的語で成り立つ文がわかるかな？

〈問題3〉

次の文の日本語に合うように（　　　）の中の語句を並べかえましょう。
ただし、文の最初にくる語も小文字で書かれています。

(1) 私は昨日その映画を観ました。
（that movie, I, yesterday, watched）.

(2) 私たちは昨年京都を訪れました。
（Kyoto, visited, we, last year）.

(3) 京都にはたくさんのお寺があります。（お寺を持っている）
（has, Kyoto, temples, a lot of）.

(4) 私は昨日あなたの弟に会いました。
（met, brother, yesterday, I, your）.

(5) 彼女は彼女の叔父さんから手紙をもらいました。
（from, received, uncle, a letter, she, her）.

〈重要〉

一般動詞のすぐあとについて、動作の対象となる人やものを示す「〜に、〜を」に当たるものを「目的語」と言います。

主語	動詞	目的語	
I	watched	that movie	yesterday.
(私は	観ました	その映画を)	
We	visited	Kyoto	last year.
(私たちは	訪れました	京都を)	
Kyoto	has	a lot of temples.	
(京都は	持っています	たくさんの寺を)	
I	met	your brother	yesterday.
(私は	会いました	あなたの弟に)	
She	received	a letter	from her uncle.
(彼女は	受け取りました	手紙を)	

Q4 主語と動詞と目的語２つで成り立っている文がわかるかな？

〈問題4〉
次の文の日本語に合うように（　　　）の中の語句を並べかえましょう。
ただし、文の最初にくる語も小文字で書かれています。

(1) 私の父は私に時計をくれました。
（me, father, a watch, my, gave）.

(2) 私はあなたにいくつかの写真を見せます。
（some, show, you, pictures, I'll）.

(3) ケンは先生に質問をしました。
（a question, his teacher, asked, Ken）.

(4) 私は私の友だちにeメールを送りました。
（sent, I, friend, an e-mail, my）.

(5) 私の母は私にTシャツを買ってくれました。
（bought, a T-shirt, my, me, mother）.

〈重要〉

一般動詞の中には目的語を2つとるものもあります。その場合、語順は「人」を示す目的語が先で、「もの」を示す目的語があとになります。

主語	動詞	目的語（人）〜に	目的語（もの）〜を
My father （私の父は	gave あげました	me 私に	a watch. 時計を）
I'll （私は〜でしょう	show 見せます	you あなたに	some pictures. いくつかの写真を）
Ken （ケンは	asked 聞きました	his teacher 先生に	a question. 質問を）
I （私は	sent 送りました	my friend 私の友だちに	an e-mail. eメールを）
My mother （私の母は	bought 買いました	me 私に	a T-shirt. Tシャツを）

Q5 主語と動詞と目的語と補語で成り立つ文がわかるかな？

〈問題5〉

次の（　　　）の語句を適切に並べかえて日本語に合う英文にしましょう。
ただし、余分な語句が１つあります。
ただし、文の最初にくる語も小文字で書かれています。

(1) この歌は私を幸せにしてくれます。
　　（has, happy, this song, makes, me）.

(2) 私は彼女をメグと呼んでいます。
　　（Meg, call, I, her, name）.

(3) 私の両親は私をミクと名付けました。
　　（Miku, named, my parents, called, me）.

(4) 生徒たちは教室をきれいにしておきます。
　　（clean, the students, the classroom, do, keep）.

〈重要〉

一般動詞には、目的語と補語の両方を持つものがあります。よく使われるのは make, call, name, keep などです。「make + A + B」で「AをBにさせる」、「call + A + B」は「AをBと呼ぶ」、「name + A + B」は「AをBと名付ける」、「keep + A + B」は「AをBに保つ」という意味になります。

主語	動詞	目的語	補語
This song	makes	me	happy.
I	call	her	Meg.
My parents	named	me	Miku.
The students	keep	the classroom	clean.

表の例文のように、目的語＝補語の関係が成り立っています。つまり、me=happy、her=Meg、me=Miku、the classroom = clean となっています。

Q6 There is/are の文がわかるかな？

〈問題6〉
次の文の日本語に合うように（　　）をうめましょう。

(1) 私の家の近くに図書館があります。
　　（　　）（　　）a（　　）near my house.

(2) 箱の中にたくさんのリンゴがあります。
　　（　　）（　　）a lot of（　　）in the box.

(3) その部屋には1つも椅子がありません。
　　（　　）（　　）（　　）chairs in the room.

(4) その建物の前には大きな木が1本ありました。
　　（　　）（　　）a（　　）（　　）in front of that building.

(5) かばんの中にいくつかのノートがありました。。
　　（　　）（　　）（　　）notebooks in my bag.

(6) 壁には1つも絵がありませんでした。
　　（　　）（　　）（　　）pictures on the wall.

〈重要〉

「There is」「There are」は、すぐあとに「何が」を示す語句をおいて、「～があります」という意味を表します。1つのものがある時は「There is」、2つ以上ある時は「There are」を使います。1つもない時は are を否定形にして「There aren't any」となり、すぐあとに「何が」を示す複数形の語句をおいて「～が1つもない」という意味になります。

There	is/are was/ were	何が	
There	is	a library	near my house.
There	are	a lot of apples	in the box.
There	was	a big tree	in front of that building.
There	were	some notebooks	in my bag.

There	aren't/weren't	any（何が1つもない）	
There	aren't	any chairs	in the room.
There	weren't	any pictures	on the wall.

2年生で習う受け身形

◉チェックポイント
・受け身形の肯定文が作れるか？
・受け身形の否定文が作れるか？
・受け身形の疑問文が作れて、それに答えられるか？

Q1 受け身形の肯定文が作れるかな？

〈問題1〉

次の文の日本語に合うように（　　）をうめましょう。

(1) ブラウン先生は多くの生徒に好かれています。
　　Mr. Brown（　　）（　　）（　　）many students.
(2) 彼の本は若い人によって読まれています。
　　His books（　　）（　　）（　　）young people.
(3) その歌は子供たちによって歌われています。
　　The song（　　）（　　）（　　）children.
(4) その車は日本で作られました。
　　The car（　　）（　　）in Japan.
(5) これらの手紙はケイトによって書かれました。
　　These letters（　　）（　　）（　　）Kate.
(6) 私は昨日先生に叱られました＊。　　　　　　　　　＊叱る　scold
　　I（　　）（　　）（　　）my teacher yesterday.

〈重要〉

一般動詞には、原形―過去形―過去分詞形と3つの形があります。

	原形	過去形	過去分詞
規則動詞の例	watch	watched	watched
不規則動詞の例	give	gave	given
	speak	spoke	spoken

＊規則動詞の過去分詞は基本的には動詞の原形に ed をつけます。
＊不規則動詞は1つずつ活用の仕方を覚えましょう。

受け身形とは、「主語の人／ものは（～によって）……される」という意味の文です。「主語＋be 動詞＋動詞の過去分詞形＋ by ＋人／もの～」の形になります。

主語	be 動詞	動詞の過去分詞	by 人／もの	
Mr. Brown (ブラウン先生は	is 好かれています	liked	by many students. 多くの生徒たちによって)	
His books	are	read	by young people.	
The song	is	sung	by children.	
The car	was	made		in Japan.
These letters	were	written	by Kate.	
I	was	scolded	by my teacher	yesterday.

＊stop などのように短い母音のあとは子音字を重ねて ed をつけます。stop-stopped など。
＊study などのように子音字＋y で終わるものは y を i に変えて ed をつけます。study-studied など。
＊不規則動詞には read-read-read、sing-sang-sung、make-made-made、write-wrote-written などがあります。

Q2 受け身形の否定文が作れるかな？

〈問題2〉
次の文の日本語に合うように（　　　）をうめましょう。

(1) ブラウン先生は多くの生徒たちに好かれていません。
　　Mr. Brown（　　　）（　　　）（　　　） many students.

(2) 彼の本は若い人によって読まれていません。
　　His books（　　　）（　　　）（　　　） young people.

(3) その歌は子供たちによって歌われていません。
　　The song（　　　）（　　　）（　　　） children.

(4) その車は日本で作られたのではありません。
　　The car（　　　）（　　　） in Japan.

(5) これらの手紙はケイトによって書かれたのではありません。
　　These letters（　　　）（　　　）（　　　） Kate.

(6) 私は昨日先生に叱られませんでした。
　　I（　　　）（　　　）（　　　） my teacher yesterday.

〈重要〉

受け身形の否定文は be 動詞のあとに not をつけるだけです。

主語	be 動詞 + not	動詞の過去分詞	by 人 / もの	
Mr. Brown	isn't	liked	by many students.	
His books	aren't	read	by young people.	
The song	isn't	sung	by children.	
The car	wasn't	made		in Japan.
These letters	weren't	written	by Kate.	
I	wasn't	scolded	by my teacher	yesterday.

> **Q3** 受け身形の疑問文がわかるかな？

〈問題3〉
次の文の日本語に合うように（　　）をうめましょう。

(1) ブラウン先生は多くの生徒たちに好かれていますか？
　　（　　）（　　）（　　）（　　）many students?

(2) 彼の本は若い人によって読まれていますか？
　　（　　）（　　）（　　）（　　）（　　）young people?

(3) その歌は子供たちによって歌われていますか？
　　（　　）（　　）（　　）（　　）（　　）children?

(4) その車は日本で作られたのですか？
　　（　　）（　　）（　　）（　　）in Japan?

(5) これらの手紙はケイトによって書かれたのですか？
　　（　　）（　　）（　　）（　　）（　　）Kate?

(6) あなたは昨日先生に叱られましたか？
　　（　　）（　　）（　　）（　　）your teacher yesterday?

〈重要〉

受け身形の疑問文は be 動詞を文の先頭に持ってくるだけです。

    Mr. Brown is liked by many students.

Is   Mr. Brown liked by many students?

be 動詞	主語	動詞の過去分詞	by 人 / もの	
Is	Mr. Brown	liked	by many students?	
Are	his books	read	by young people?	
Is	the song	sung	by children?	
Was	the car	made		in Japan?
Were	these letters	written	by Kate?	
Were	you	scolded	by your teacher	yesterday?

答える時は、

Yes, he is. No, he isn't.

Yes, it is. No, it isn't.

Yes, they are. No, they aren't.

となります。

読解問題にチャレンジ（4）

次の会話文を読んで、あとの問いに答えましょう。

Emi：You are wearing a nice T-shirt, Jack.
Jack：Oh, thank you. My father gave me this one as a birthday present.
Emi：You look nice.
Jack：I like this T-shirt best of all, because it has a Japanese Kanji.
Emi：Do you know what it means?
Jack：I think that it means "love".
Emi：That's right.

[Question]
① What is Jack wearing?
② Who gave Jack the present?
③ Why does Jack like the T-shirt best?
④ What does the Japanese Kanji mean?

上の会話文を40秒以内に読めるように、何回も音読して練習しましょう。

英作文問題にチャレンジ（4）

あなたは将来、次のことをしたいと思っています。英語で書いてみましょう。

（1）私は病気の人々*1を助けたいので医者になりたいです。
（2）私は社会*2よりも理科*3を一生けん命勉強しています。
（3）私の両親は私に本を買って*4くれました。
（4）その本はたくさんの若者によって読まれています。
（5）もし医者になれたら、私は貧しい国で働きたいです。

*1：sick people
*2：social studies
*3：science
*4：buy-bought

解答ページ

P.8

〈問題1〉

(1) I am a student.　(2) You are a teacher.　(3) He is a doctor.

(4) She is a cook.　(5) Tom is a basketball player.

(6) We are classmates.　(7) You are baseball players.

(8) They are sisters.　(9) Tom and Bob are friends.

P.11

〈問題2〉

(1) I'm not a student.　(2) You aren't a teacher.

(3) He isn't a doctor.　(4) She isn't a cook.

(5) Tom isn't a basketball player.　(6) We aren't classmates.

(7) You aren't baseball players.　(8) They aren't sisters.

(9) Tom and Bob aren't friends.

P.13

〈問題3〉

(1) Are you a teacher?／Yes, I am.　No, I'm not.

(2) Is he a doctor?／Yes, he is.　No, he isn't.

(3) Is she a cook?／Yes, she is.　No, she isn't.

(4) Is Tom a basketball player?／Yes, he is.　No, he isn't.

(5) Are you baseball players?／Yes, we are.　No, we aren't

(6) Are they sisters?／Yes, they are.　No, they aren't.

(7) Are Tom and Bob friends?／Yes, they are.　No, they aren't.

P.15

〈問題1〉

(1) I was a nurse five years ago. (Five years ago, I was a nurse.)

(2) You were a singer ten years ago. (Ten years ago, you were a singer.)

(3) He was a musician before.

(4) She was a tennis player before.

(5) Tom was a rock fan before.

(6) We were junior high school students last year. (Last year, we were junior high school students.)

(7) You were soccer players before.

(8) They were taxi drives five years ago. (Five years ago, they were taxi drivers.)

(9) Tom and Bob were jazz fans before.

P.17 ───

〈問題2〉

(1) I wasn't　　(2) You weren't　　(3) He wasn't

(4) She wasn't　(5) Tom wasn't　　(6) We weren't

(7) You weren't　(8) They weren't　(9) Tom and Bob weren't

P.19 ───

〈問題3〉

(1) Were you ／ Yes, I was.　No, I wasn't.

(2) Was he ／ Yes, he was.　No, he wasn't.

(3) Was she ／ Yes, she was.　No, she wasn't.

(4) Was Tom ／ Yes, he was.　No, he wasn't.

(5) Were you ／ Yes, we were.　No, we weren't.

(6) Were they ／ Yes, they were.　No, they weren't.

(7) Were Tom and Bob ／ Yes, they were.　No they weren't.

P.21 ───

〈問題1〉

(1) I study English every day. (Every day, I study English.)

(2) You eat breakfast at seven. (At seven, you eat breakfast.)

(3) We sing songs every day. (Every day, we sing songs.)

(4) You play soccer after school. (After school, you play soccer.)

(5) They play the guitar every week. (Every week, they play the guitar.)

(6) Yumi and Aya drink milk every morning. (Every morning, Yumi and Aya drink milk.)

P.23

〈問題2〉

(1) I don't study　　(2) You don't eat　　(3) We don't sing

(4) You don't play　　(5) They don't play

(6) Yumi and Aya don't drink

P.25

〈問題3〉

(1) Do you eat ／ Yes, I do.　No, I don't.

(2) Do you play ／ Yes, we do.　No, we don't.

(3) Do they play ／ Yes, they do.　No, they don't.

(4) Do Yumi and Aya drink ／ Yes, they do.　No, they don't.

P.27

〈問題4－1〉

(1) he　　(2) she　　(5) Tom　　(7) Mr. Yamada　　(8) it

(9) your sister　　(10) this

〈問題4－2〉

(1) He plays baseball every day. (Every day, he plays baseball.)

(2) She studies math every day. (Every day, she studies math.)

(3) Yumi speaks English in class.

(4) The dog runs very fast.

P.29

〈問題5〉

(1) He doesn't play baseball.　　(2) She doesn't study math.

(3) Yumi doesn't speak English in class.

(4) The dog doesn't run fast.

P.31

〈問題6〉

(1) Does he play baseball every day? (Every day, does he play baseball?) ／ Yes, he does.　No, he doesn't.

(2) Does she study math every day? (Every day, does she study math?) ／ Yes, she does.　No, she doesn't.

(3) Does Yumi speak English in class? ／ Yes, she does.　No, she doesn't.

(4) Does the dog run fast? ／ Yes, it does.　No, it doesn't.

P.33

〈問題7〉

(1) I visited Kyoto last year. (Last year, I visited Kyoto.)

(2) You washed the dishes an hour ago. (An hour ago, you washed dishes.)

(3) He played soccer yesterday. (Yesterday, he played soccer.)

(4) She cooked dinner yesterday. (Yesterday, she cooked dinner.)

(5) Yumi watched the movie last week. (Last week, Yumi watched the movie.)

(6) We cleaned our rooms.

(7) You walked your dog yesterday. (Yesterday, you walked your dog.)

(8) They baked a cake yesterday. (Yesterday, they baked a cake.)

(9) Yumi and Aya watched tennis games on TV.

P.35

〈問題8〉

(1) I didn't visit Kyoto last year. (Last year, I didn't visit Kyoto.)

(2) You didn't wash the dishes an hour ago. (An hour ago, you didn't wash your dishes.)

(3) He didn't play baseball yesterday. (Yesterday, he didn't play baseball.)

(4) She didn't cook dinner yesterday. (Yesterday, she didn't cook dinner.)

(5) Yumi didn't watch the movie last week. (Last week, Yumi didn't watch the movie.)

(6) We didn't clean our rooms.

(7) You didn't walk your dog yesterday. (Yesterday, you didn't walk your dog.)

(8) They didn't bake a cake yesterday. (Yesterday, they didn't bake a cake.)

(9) Yumi and Aya didn't watch tennis games on TV.

P.37

〈問題９〉

(1) Did you wash the dishes an hour ago? (An hour ago, did you wash dishes?) ／ Yes, I did.　No, I didn't.

(2) Did he play baseball yesterday? (Yesterday, did he play baseball?) ／ Yes, he did.　No, he didn't.

(3) Did she cook dinner yesterday? (Yesterday, did she cook dinner?) ／ Yes, she did.　No, she didn't.

(4) Did Yumi watch the movie last week? (Last week, did Yumi watch the movie?) ／ Yes, she did.　No, she didn't.

(5) Did you walk your dog yesterday? (Yesterday, did you walk your dog?) ／ Yes, we did.　No, we didn't.

(6) Did they bake a cake yesterday? (Yesterday, did they bake a cake?) ／ Yes, they did.　No, they didn't.

(7) Did Yumi and Aya watch tennis games on TV? ／ Yes, they did.　No, they didn't.

P.39

〈問題１〉

(1) I went to the library yesterday. (Yesterday, I went to the library.)

(2) You wrote a letter yesterday. (Yesterday, you wrote a letter.)

(3) He read a book yesterday. (Yesterday, he read a book.)

(4) She ate cakes yesterday. (Yesterday, she ate cakes.)

(5) We met Tom yesterday. (Yesterday, we met Tom.)

(6) They sang songs yesterday. (Yesterday, they sang songs.)

(7) Yumi and Bob got a present.

P.41

〈問題２〉

(1) I didn't go to the library yesterday. (Yesterday, I didn't go to the library.)

(2) You didn't write a letter yesterday. (Yesterday, I didn't write a letter.)

(3) He didn't read a book yesterday. (Yesterday, he didn't read a book.)

(4) We didn't meet Tom yesterday (Yesterday, we didn't meet Tom.)

(5) They didn't sing songs yesterday. (Yesterday, they didn't sing songs.)

(6) Yumi and Bob didn't get a present.

P.43

〈問題３〉

(1) Did you write a letter yesterday? (Yesterday, did you write a letter?) ／ Yes, I did.　No, I didn't.

(2) Did he read a book yesterday? (Yesterday, did he read a book?) ／ Yes, he did.　No, he didn't.

(3) Did she eat cakes yesterday? (Yesterday, did she eat cakes?) ／ Yes, she did.　No, she didn't.

(4) Did you meet Tom yesterday? (Yesterday, did you meet Tom?) ／ Yes, we did.　No, we didn't.

(5) Did they sing songs yesterday? (Yesterday, did they sing songs?) ／ Yes, they did.　No, they didn't.

(6) Did Yumi and Bob get a present? ／ Yes, they did.　No, they didn't.

P.45

読解問題にチャレンジ（１）

① He played basketball with Takashi and his friends.

② No, not very much.（No, she doesn't like them very much.）

③ She went to the city library.　　④ She read a lot of books.

⑤ Bob does.

P.46

英作文問題にチャレンジ（１）

(1) I am a J-POP fan.　(2) I love EXILE.　(3) They dance very well.

(4) Please listen to their CDs, everyone.

P.47

〈問題１〉

(1) I am doing my homework now.　(2) You ae cooking dinner now.

(3) He is making a phone call now.　(4) She is reading a book now.

(5) Taku is playing baseball now.　(6) We are writing a diary now.

(7) You are eating lunch now.　(8) They are carrying heavy boxes now.

(9) Taku and Hiro are playing the guitar now.

P.49

〈問題２〉

(1) I'm not doing my homework.

(2) You aren't cooking dinner.　(3) He isn't making a phone call.

(4) She isn't reading a book.　(5) Taku isn't playing baseball.

(6) We aren't writing a diary.　(7) You aren't eating lunch.

(8) They aren't carrying heavy boxes.

(9) Taku and Hiro aren't playing the guitar.

P.51

〈問題3〉

(1) Are you cooking dinner? ／ Yes, I am.　No, I'm not.

(2) Is he making a phone call? ／ Yes, he is.　No, he isn't.

(3) Is she reading a book? ／ Yes, she is.　No, she isn't.

(4) Is Taku playing baseball? ／ Yes, he is.　No, he isn't.

(5) Are you eating lunch? ／ Yes, we are.　No, we aren't.

(6) Are they carrying heavy boxes? ／ Yes, they are.　No, they aren't.

(7) Are Taku and Hiro playing the guitar? ／ Yes, they are.　No, they aren't.

P.53

〈問題1〉

(1) I was writing a letter then.　(2) You were taking a bath then.

(3) He was cleaning his room then.

(4) She was doing her homework then.

(5) Yuki was reading a book then.　(6) We were singing a song then.

(7) You were washing your T-shirts then.

(8) They were watching TV then.

(9) Yuki and Kate were playing tennis then.

P.55

〈問題2〉

(1) I wasn't writing a letter then.

(2) You weren't taking a bath then.

(3) He wasn't cleaning his room then.

(4) She wasn't doing her homework then.

(5) Yuki wasn't reading a book then.

(6) We weren't singing a song then.

(7) You weren't washing your T-shirts then.

(8) They weren't watching TV then.

(9) Yuki and Kate weren't playing tennis then.

P.57

〈問題3〉

(1) Were you taking ／ Yes, I was.　No, I wasn't.

(2) Was he cleaning ／ Yes, he was.　No, he wasn't.

(3) Was she doing ／ Yes, she was.　No, she wasn't.

(4) Was Yuki reading ／ Yes, she was.　No, she wasn't.

(5) Were you washing ／ Yes, we were.　No, we weren't.

(6) Were they watching ／ Yes, they were.　No, they weren't.

(7) Were Yuki and Kate playing ／ Yes, they were.　No, they weren't.

P.59

〈問題1〉

(1) I am going to visit Osaka tomorrow.

(2) You are going to study math tomorrow.

(3) He is going to use his computer tomorrow.

(4) She is going to buy a present tomorrow.

(5) Kumi is going to come to the party tomorrow.

(6) We are going to have an English class tomorrow.

(7) You are going to leave London tomorrow.

(8) They are going to meet Mr. Suzuki tomorrow.

P.61

〈問題2〉

(1) I'm not going to visit Osaka tomorrow.

(2) You are not going to study math tomorrow.

(3) He is not going to use his computer tomorrow.

(4) She is not going to buy a present tomorrow.

(5) Kumi is not going to come to the party tomorrow.

(6) We are not going to have an English class tomorrow.

(7) You are not going to leave London tomorrow.

(8) They are not going to meet Mr. Suzuki tomorrow.

P.63

〈問題3〉

(1) Are you going to study ／ Yes, I am.　No, I'm not.
(2) Is he going to use ／ Yes, he is.　No, he isn't.
(3) Is she going to buy ／ Yes, she is.　No, she isn't.
(4) Is Kumi going to come ／ Yes, she is.　No, she isn't.
(5) Are you going to leave ／ Yes, we are.　No, we aren't.
(6) Are they going to meet ／ Yes, they are.　No, they aren't.

P.65

〈問題4〉

(1) I will meet my grandmother next week.
(2) You will make a speech next week.
(3) He will watch the movie next week.
(4) She will be fourteen years old next week.
(5) Ken will read the book next week.
(6) We will run ten km next week.
(7) They will climb the mountain next week.

P.67

〈問題5〉

(1) I won't meet　(2) You won't make　(3) He won't watch
(4) She won't be　(5) Ken won't read　(6) We won't run
(7) They won't climb

P.69

(1) Will you make ／ Yes, I will.　No, I won't.
(2) Will he watch ／ Yes, he will.　No, he won't.
(3) Will she be ／ Yes, she will.　No, she won't.

(4) Will Ken read／Yes, he will.　No, he won't.

(5) Will they climb／Yes, they will.　No, they won't.

P.71

〈問題1〉

(1) must get up　(2) has to write　(3) may go（can go）

(4) should read　(5) can speak

P.73

〈問題2〉

(1) you shouldn't go　(2) you mustn't go（あるいは you can't go）

(3) can't speak

(4) You may not go（あるいは You must not go／You can't go）

(5) doesn't have to study

P.75

〈問題3〉

(1) Does he have to finish（あるいは do）／Yes, he does.　No, he doesn't.

(2) Must I clean／Yes, you must.　No, you don't have to.

(3) May I open（Can I open も可）／Sure.　I'm sorry you can't.

(4) Should I be／Yes, you should.　No, you shouldn't.

(5) Can you swim／Yes, I can.　No, I can't

P.77

〈問題4〉

(1) Will you／Sure, sorry

(2) Shall I／please, thank you

(3) Shall we／let's, let's not

P.79

〈問題５〉

(1) Could / Would you tell me the way to the station?

(4) Could / Would you send me an e-mail?

(5) Could / Would you come with me?

＊ (2)(3) は文が成り立ちません。

P.81

読解問題にチャレンジ（２）

① He has to make a speech in English.

② He is going to talk about his family.

③ Mr. Brown does.

④ He will use some pictures of his family. He will use easy words.

P.82

英作文問題にチャレンジ（２）

① I am going to go to the library on Monday.

② I am going to study English on Tuesday.

③ I am going to play tennis with my sister on Saturday.

④ I am going to watch a movie with my friend on Sunday.

⑤ What are you going to do on Sunday?

P.83

〈問題１〉

(1) That mountain is very high.　　　　○をつける主語 That mountain

(2) These stamps are very old.　　　　○をつける主語 These stamps

(3) Those flowers are very beautiful.　　○をつける主語 Those flowers

(4) This English book is useful.　　　　○をつける主語 This English book

(5) That movie is very interesting.　　　○をつける主語 That movie

(6) These computers are new.　　　　○をつける主語 These computers

170

P.85

〈問題2〉

(1) are old temples
(2) are very interesting books
(3) is, tennis game
(4) is, swimming pool
(5) are New Year's Cards
(6) is, teacher's talk

P.87

〈問題3〉

(1) began, lesson　　　○をつける目的語　the lesson
(2) need, dictionary　　○をつける目的語　a dictionary
(3) likes Japanese culture　○をつける目的語　Japanese culture
(4) began, party　　　○をつける目的語　the party
(5) finished, homework　○をつける目的語　my homework
(6) like spring　　　　○をつける目的語　spring

P.89

〈問題4〉

(1) I saw some birds.
(2) That girl has long hair.
(3) We have much snow in January.
(4) I want something cold.

P.91

〈問題5〉 ○をつける語句

(1) get up　(2) runs　(3) read　(4) speaks　(5) sing

P.93

〈問題1〉

(1) To climb those mountains is very exciting.
　　○をつける主語　To climb those mountains
(2) To collect these stamps is difficult.
　　○をつける主語　To collect these stamps
(3) To see those flowers is wonderful.

171

○をつける主語　To see those flowers
(4) Reading English books is useful.
　　　　○をつける主語　Reading English books.
(5) Watching movies is very interesting.
　　　　○をつける主語　Watching movies
(6) Using these computers is easy.
　　　　○をつける主語　Using these computers

P.95 ────────────────────────────

〈問題２〉

(1) is to visit, lot of old
　　　　○をつける補語　to visit a lot of old
(2) is to write
　　　　○をつける補語　to write interesting books
(3) is to watch tennis
　　　　○をつける補語　to watch tennis games
(4) swimming
　　　　○をつける補語　swimming
(5) is writing
　　　　○をつける補語　writing New Year's Cards
(6) is talking
　　　　○をつける補語　talking to my friends

P.97 ────────────────────────────

〈問題３〉

(1) began to run　　　　○をつける目的語　to run
(2) need to get up　　　○をつける目的語　to get up early
(3) likes to swim　　　　○をつける目的語　to swim
(4) began reading　　　○をつける目的語　reading a book
(5) finished writing, letter　○をつける目的語　writing a letter
(6) likes cooking　　　　○をつける目的語　cooking

P99

〈問題4〉

(1) giving (2) going (3) learning (4) cooking (5) watching

P.101

〈問題5〉

(1) I have a lot of books to read.
　　○をつける部分　to read
(2) I have some money to buy that book.
　　○をつける部分　to buy that book
(3) You have a lot of homework to do.
　　○をつける部分　to do
(4) I want something to drink.
　　○をつける部分　to drink
(5) He doesn't have any friends to help him.
　　○をつける部分　to help him
(6) Does she have a lot of letters to write?
　　○をつける部分　to write

P.103

〈問題6〉

(1) I went to America to study English.
(2) I got up early to catch the first train.
(3) He practiced hard to win the next game.
(4) Yumi visited Hokkaido to meet her uncle.
(5) I read that book to learn about that country.

P.105

〈問題7〉

(1) am glad (または happy) to meet (または see)

(2) was surprised to hear　　　(3) were excited to visit

(4) is happy（または glad）to get（または receive）

(5) was happy（または glad）to read

P.107

読解問題にチャレンジ（3）

① She wants to be a teacher.　② She likes teaching.

③ She teaches Japanese to Bob.

④ She needs to think about her future.

P.108

英作文問題にチャレンジ（3）

My dream is to be (come) an artist. I want to study abroad in the future. I want to go to New York to study art. I want money to study abroad. I'm going to work part time in summer vacation.

P.109

〈問題１〉

(1) tall　　　　　(2) cheap　　　　(3) kind

(4) old　　　　　(5) friendly　　　(6) difficult

P.111

〈問題２〉

(1) am taller than you　　　　　(2) is cheaper than

(3) are kinder than she（または her）　(4) is older than

(5) is more friendly than　　　　(6) is more difficult than

P.113

〈問題３〉

(1) am the tallest in　　(2) is the cheapest in

(3) are the kindest of all　(4) is the oldest of all

(5) the most friendly, in　　(6) is the most difficult in

P.115

〈問題4〉

(1) am as tall as　　(2) is as cheap as　　(3) are as kind as

(4) is as old as　　(5) is as friendly as　　(6) is as difficult as

P.117

〈問題5〉

(1) I read many books.　　(2) You have pretty dolls.

(3) This dog drinks much water.　　(4) She wrote long letters.

P.119

〈問題6〉

(1) more books than　　(2) prettier dolls than

(3) more water than　　(4) longer letters than

P.121

〈問題7〉

(1) the most books in　　(2) the prettiest dolls in

(3) the most water of　　(4) the longest letters of

P.123

〈問題8〉

(1) as many books as　　(2) as pretty dolls as

(3) as much water as　　(4) as long letters as

P.125

〈問題1〉

(1) Tom can swim fast.　　(2) I got up early.

(3) She plays basketball very well.　　(4) I like this song very much.

(5) My grandmother walks slowly.

(6) Mr. Smith speaks Japanese fluently.

P.127 ─────────────────────────────────────

〈問題2〉

(1) faster than Mike　　　(2) earlier than my mother

(3) better than my sister　(4) better than that

(5) more slowly than my sister　(6) more fluently than Ms. Green

P.129 ─────────────────────────────────────

〈問題3〉

(1) the fastest in　(2) the earliest in　(3) the best of

(4) the best of　(5) the most slowly of　(6) the most fluently in

P.131 ─────────────────────────────────────

〈問題4〉

(1) as fast as　(2) as early as　(3) as well as

(4) as much as　(5) as slowly as　(6) as fluently as

P.133 ─────────────────────────────────────

〈問題1−1〉

(1) You were taller than your father before you became fourteen years old.

(2) My music teacher was in his room when I got to school.

(3) I wanted something to drink after I ran twenty km.

(4) I'm going to eat lunch because I'm hungry.

(5) Shall I open the window if you feel hot in this room?

P.135 ─────────────────────────────────────

〈問題1−2〉

(1) When I came home, my sister was watching TV.

(2) Because I want to be a doctor, I study hard every day.

(3) If it rains tomorrow, I will stay home.

(4) Before Tom came, I finished working.

(5) After we eat dinner, shall we listen to this CD?

P.137

〈問題2〉

(1) think that reading books (think to read books も可)

(2) knows that, am surprised to hear

(3) hope that, don't have to　　(4) Do you think that, should

(5) don't know that, is good at

P.139

〈問題1〉

(1) ○をつける主語 He ／ △をつける動詞 swims
　　彼は一番速く泳げます。

(2) ○をつける主語 The store ／ △をつける動詞 closes
　　その店は7時に締まります。

(3) ○をつける主語 He ／ △をつける動詞 must work
　　彼は病院で働かなければなりません。

(4) ○をつける主語 Yumi ／ △をつける動詞 runs
　　ユミは放課後走ります。

(5) ○をつける主語 I ／ △をつける動詞 study
　　私は医者になるために毎日一生けん命勉強します。

P.141

〈問題2〉

(1) You look tired.　　(2) He became a doctor.

(3) My father was a soccer player when he was young.

(4) That sounds great!　　(5) It got dark.

P143

〈問題3〉

(1) I watched that movie yesterday. (Yesterday, I watched that movie.)

(2) We visited Kyoto last year. (Last year, we visited Kyoto.)

(3) Kyoto has a lot of temples.

(4) I met your brother yesterday. (Yesterday, I met your brother.)

(5) She received a letter from her uncle.

P.145

〈問題4〉

(1) My father gave me a watch.　(2) I'll show you some pictures.

(3) Ken asked his teacher a question.

(4) I sent my friend an e-mail.　(5) My mother bought me a T-shirt.

P.147

〈問題5〉

(1) This song makes me happy.　(2) I call her Meg.

(3) My parents named me Miku.

(4) The students keep the classroom clean.

P.149

〈問題6〉

(1) There is, library　(2) There are, apples,　(3) There aren't any

(4) There was, big tree　(5) There were some　(6) There weren't any

P.151

〈問題1〉

(1) is liked by　(2) are read by　(3) is sung by

(4) was made　(5) were written by　(6) was scolded by

P.153

〈問題2〉

(1) isn't liked by (2) aren't read by (3) isn't sung by
(4) wasn't made (5) weren't written by (6) wasn't scolded by

P.155

〈問題3〉

(1) Is Mr. Brown liked by (2) Are his books read by
(3) Is the song sung by (4) Was the car made
(5) Were these letters written by (6) Were you scolded by

P.157

読解問題にチャレンジ（4）

① Jack is wearing a T-shirt.
② His (Jack's) father did.
③ Because it has a Japanese Kanji.
④ It means "love".

P.158

英作文問題にチャレンジ（4）

(1) I want to become a doctor because I want to help sick people.
(2) I study science harder than social studies.
(3) My parents bought me a book.
(4) The book is read by many young people.
(5) If I become a doctor, I want to work in a poor country.

著者プロフィール
岡田　順子（おかだ　じゅんこ）

早稲田大学卒業。
コロンビア大学ティーチャーズカレッジ修士課程卒業。
テンプル大学ジャパン博士課程修了。
埼玉県立高校教員生活20年を経て、現在、予備校にて中学生を指導。
ELEC同友会英語教育学会語彙指導研究部長。

主な著書
『みるみる語彙力がつく！魔法の5分間英単語テスト』
『少しの工夫で効果4倍！魔法の英語語彙指導アイデア』
『10分でしっかり語彙定着！魔法の英語音読活動アイデア』
『10分で入試力アップ！魔法の英語自己表現活動アイデア』（安河内哲也監修）
（以上、明治図書出版）
『中1英語でつまずかない18のポイント』（文芸社）
『覚えやすい順番で【7日間】学び直し中学英語』（すばる舎）

英文協力
Adrianne Verla　エイドリアン・ヴァーラ
（コロンビア大学ティーチャーズカレッジ修士課程卒）

中2英語でつまずかない15のポイント

2017年9月15日　初版第1刷発行

著　者　岡田　順子
発行者　瓜谷　綱延
発行所　株式会社文芸社
　　　　〒160-0022　東京都新宿区新宿1-10-1
　　　　　　　　電話　03-5369-3060（代表）
　　　　　　　　　　　03-5369-2299（販売）

印刷所　図書印刷株式会社

Ⓒ Junko Okada 2017 Printed in Japan
乱丁本・落丁本はお手数ですが小社販売部宛にお送りください。
送料小社負担にてお取り替えいたします。
本書の一部、あるいは全部を無断で複写・複製・転載・放映、データ配信することは、法律で認められた場合を除き、著作権の侵害となります。
ISBN978-4-286-18419-7